晦途滴答

人生且行且珍惜，一切都是最好的安排，
65篇生命淬煉下的感悟

古兆憲（KU龍）／著

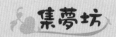

朤途滴答

人生且行且珍惜，一切都是最好的安排，
65篇生命淬煉下的感悟

出版者●集夢坊
作者●古兆憲（KU龍）
印行者●全球華文聯合出版平台
總顧問●王寶玲
出版總監●歐綾纖
副總編輯●陳雅貞
責任編輯●Dorae
美術設計●Mao
內文排版●王芋崴

國家圖書館出版品預行編目（CIP）資料

朤途滴答 人生且行且珍惜，一切都是最好的安
排，65篇生命淬煉下的感悟／古兆憲（KU龍）著
-- 新北市：集夢坊出版，采舍國際有限公司發行
2020.11　　面；　　公分
ISBN 978-986-99065-5-5（平裝）
1.人生哲學　2.自我實現

191.9　　　　　　　　　　　109015287

商標聲明
本書部分圖片來自Freepik與Pixabay
網站，其餘書中提及之產品、商標名
稱、網站畫面與圖片，其權利均屬該
公司或作者所有，本書僅做介紹參考
用，絕無侵權之意，特此聲明。

台灣出版中心●新北市中和區中山路2段366巷10號10樓
電話●(02)2248-7896　　　　傳真●(02)2248-7758
ISBN●978-986-99065-5-5　出版日期●2020年11月初版

郵撥帳號●50017206采舍國際有限公司（郵撥購買，請另付一成郵資）
全球華文國際市場總代理●采舍國際 www.silkbook.com
地址●新北市中和區中山路2段366巷10號3樓
電話●(02)8245-8786　　　　傳真●(02)8245-8718

全系列書系永久陳列展示中心
新絲路書店●新北市中和區中山路2段366巷10號10樓　　　電話●(02)8245-9896
新絲路網路書店●www.silkbook.com　華文網網路書店●www.book4u.com.tw

跨視界‧雲閱讀 新絲路電子書城 全文免費下載 silkbook○com

聯合推薦

國小至碩士五所母校　聯名推薦

筆者 KU 龍 碩士畢照

潛龍國小 游月鈴校長

龍潭國中 謝益修校長

龍潭高中 鍾碧霞校長

萬能科大航空暨工程學院 沈國瑞院長

元智大學數位金融學群召集人 丘邦翰

人生下半場才正要開始

　　說到「人生」，有人過得平遂順利，輕鬆寫意，有人過得窮困潦倒，倍極辛苦，也有人過得轟轟烈烈，傳世千古，當然更有人起伏跌宕，刻骨銘心；究竟哪種歷程才是「人生」最佳寫照，卻無人可以詮釋論定，因為生命歲月，每個人本有不同的體驗與解讀。

　　一日午后，校友兆憲約好來訪，帶來他著作稿上十萬字。拜讀後才得知兆憲兄以大我未滿一歲之年，竟有如此豐富精彩的生命歷程，從客家農村出身、中後段班學業成績、半工半讀、退伍後進入房仲業，從基層業務做到店長、經營主管做到業務區總經理，並在四十八歲之齡完成了大學及研究所學歷，更積極投入公益社團，服務社區鄉里，著實令我訝異折服⋯⋯

　　最最教我敬佩的是，他將這些生命體驗轉換為珠璣文字，巧立短篇以利閱讀，深入淺出，生動舉例從各面向來闡述人生與歲月、工作與家庭，極富哲理與教育意義。至此，他的人生上半場完成了「立德」、「立言」，令我不禁汗顏佩服。

　　益修忝為母校校長，受邀作序，倍感驕傲，實則希望以書中智慧為引，啟發更多在校學生學習效法，勤奮上進。

龍潭國中校長 謝益修 序 109 年 5 月 24 日

推薦序二

逆風飛行的觀察者

　　台灣自步入老年化與少子化階段後，社會整體發展的方向與動力有了迥異於過去長久以來一貫強調經濟成長的年代。當憂心忡忡的專家們還在奔走疾呼第四次工業革命已來臨、職場中奮力掙扎的人們應該如何因應以確保個人能跟上時代變革的腳步時，或許我們會聽到天外飛來的另一個聲音訴說著經濟以外的故事。

　　兆憲兄正是這樣的一位逆風而行、願意仔細留意、深刻體察生活點滴的觀察者。

　　我與兆憲兄結識於元智大學 EMBA 的課堂上，他專業而廣博的房地產實務讓站在講台上課的我，除領受截然不同於學術的新奇外，也頗覺來自對實務了解有限的壓力，或許這就是古人所講的教學相長吧！其實這樣的壓力我早已經歷多年，而的確從與 EMBA 學生的互動中增長見識，使我能不斷修正對各個產業發展的看法。

　　兆憲兄身為房地產業界高管，從其行事風格上顯露出明快、決斷的特點，但另一方面也不時展現了他為人親和、樂於與人為善的樸實古風。近年來，我因工作所需，經常在國內與產業界聯手舉辦數位科技為主軸的論壇與創業大賽，兆憲兄連同許多 EMBA 校友皆以義不容辭的態度共襄盛舉，且提供後勤支援，幾乎是每役必與。這樣的作為每每令我感動莫名，也深覺自己何其幸運，能獲得諸多學生的鼎力支持。

　　兆憲兄於房地產產業工作多年，在人生道場上遍歷修煉。在上週他攜來即將出版的新書請我作序，本以為是房地產專著，然而出乎我意料之外，竟然是擴及生活各層面的經歷匯集，各篇篇幅簡短、題材新穎，

超越經濟，且無關政治，風格清奇天成，堪稱「小題目而大文章」，足資讀者領會，故特別以此文為兆憲兄作序。

元智大學數位金融學群召集人 丘邦翰 109 年 5 月 24 日

丘邦翰

與元智大學數位金融學群召集人 丘邦翰 合影

6

作者序
成長印記

出身

農村子弟：六歲隨父親下田、協助農忙。

傳統農家：小時候家裡養牛、豬、雞、鴨、貓、狗。

學業

　　國小至高中成績都在中後段班，高中半工半讀，白天曾在陶瓷廠、電子廠、早餐店打工，也當過汽修學徒；晚上上課。鐵人經驗：有段時間一天上二個班，上午 4：30 到 7：30 在早餐店；8 時到 17 時在電子廠；晚上 18：00 到 21：30 讀夜補校。下課回家盥洗後，晚上 12 點前回早餐店睡覺，算下來，一天只休息 4 ～ 5 個小時。這段期間還兼六合彩小組頭，除例假僅需忙早餐店，每日循環鐵人作息。到第二階回鍋校園讀大學、碩士，已入 42 歲不惑之年。

軍旅

　　主動辦理提前入伍，心想提早退伍拚事業，抽籤前求神拜佛，結果仍是高中「海軍艦艇兵」！台下因少支三年籤而如雷掌聲，當時想真是嘔，手氣真背，原想提早退伍卻抽中三年兵，因二年籤占多數，有多當一年兵的感覺，現在回想起來，體會到「一切都是最好的安排」！

海軍左營新訓中心	警衛班
海軍 921「遼陽」驅逐艦	補給士
海軍 124 艦隊	戰技連隊

海軍左營軍區艦隊司令部　　補給士

軍旅摘記：左營新訓中心警衛班英姿煥發；921 遼陽軍艦補給職。某回參加軍演一連五天沒洗澡，因海象不佳，左搖見天、右晃見海、上下起伏、燈光昏暗……船艦上到處都是嘔吐物，空氣瀰漫著酸臭味，暈船失魂下強忍操演，與同梯商研靠岸後逃兵計畫，返程後不暈就恢復理性了。

獲選海軍 124 戰技連隊，冬訓期間寒風刺骨，每日僅穿一條爆破短褲，晨泳後，從左營柴山戰備道跑數公里到高雄西子灣，鍛磨過程雖苦，但卻非常值得懷念，體魄猶如藍波。

退伍前一年多，調至左營海軍艦隊司令部，原海軍三年期，因縮減兵役提早半年退伍，讚。

退伍前：利用休假到三台報考演員與歌星，二項都順利錄取，電視台數度來函通知報到，但因食宿都要自理，身無分文下選擇放棄，內心至今仍感到惋惜，不然我可能也是另個憲哥或華仔。

退伍後：社會寶貴經驗

演講與講課：台灣銀行不動產進修課程主講人（102）；受星展銀行之邀，於台達電演講；台新國際商業銀行 VIP 講座；數所大學講課；台大 EMBA、○○二代協會、桃園中醫師公會、扶輪社等社團做不動產趨勢報告；中華育幼機構兒童關懷協會、CCS 桃園區「少年自立工坊」分享經驗。

受訪：《蘋果日報》、《蘋果掀房市》Live 實戰體驗、《自由時報》、《聯合報》、週刊、《Smart 智富》月刊、亞洲衛星電視寰宇新聞、電視新聞台……元智大學畢業生暨新生醫校學生「分享職場經驗」專訪。

　　筆者出生於桃園縣龍潭鄉農村家庭，六歲起即被父親抓下田幫忙農耕，故學業上較無良好的環境培養。你想，每年大年初五前因趕春耕，在滴水成冰四、五點的凌晨，赤腳下田與結霜冰水接觸之感！在鍛磨下練就了一身適應刻苦耐勞之能，只要在能力範圍內做什麼像什麼。截稿前：父親 91 歲，除下雨每日還會到田裡農忙三、五個小時。

父親 91 歲，每日仍下田農忙除草

　　自知非讀書之料，高中時選擇半工半讀「電工科系」，畢業後只知道電會電人，由於比多數同齡人更早接觸社會，對各產業百態與見聞涉獵也較廣，對我的人生也算是添油加彩。

　　工作歷經：陶瓷廠、早餐店、電子廠、泊車小弟、塑膠廠、餐廳，汽修、鋁門窗學徒、不動產房仲前後二家。當兵前大家樂與六合彩盛行，有段時間還當起六合彩「火車龍」小組頭，是標準高頻轉行的閃跳族。

　　插曲：退伍後服務的塑膠廠是間新公司，由於訂單不穩，空閒時常與一群男同事在秘密基地玩起撲克牌，有回刁十三支被上級逮個正著，為避免難堪被開除而自動離職，人生因此起了更豐富的變化。

　　因過去多角的工作歷練，滋養了人脈與見識，在邏輯思維、識人及

決策能力上，積累厚實的基底。

民國82年進入房仲業，半年內賺進人生首桶百萬金，對人生才有了較具體的願景、企圖、目標與規劃。一路從基層業務拚到業務副總；晉升管理層，職務從店長、經營主管到業務區總經理。職務上常需面試及分發，由於新夥伴多數是大學文憑，因年輕時貪玩未完成大學的缺角，內心常自覺矮人一截，身為高階主管，自卑感更是濃烈。

因此，在民國100年（42歲）決定報考大學，當年桃竹苗技術校院四技進修部聯招，以第一梯全縣12名、全聯24名的成績錄取。選擇萬能科大「營科系」不動產經營管理組（結合工作），並順利於104年6月以「營科系第一名」畢業。

接著一鼓作氣，到元智大學續攻EMBA「經營管理」碩士，論文題目「台灣不動產發展趨勢之研究」花了我很多心思，皇天不負苦心人，於106年6月完成論文審定後順利畢業（48歲）。

「肯定」是前進的動力

　　42 到 48 歲重返校園這六年期間，身兼多重角色，在家庭、公司與學業間忙著打轉，還有社團、宗親事務、人脈經營等問題要處理。100 ～ 105 年這段期間正逢政府打房相關政策，不動產年交易棟數大幅下滑，面對公司，有大部隊績效盈虧暨人事動盪之壓力；學校方面，有作業、報告、考試，還有最頭痛的「碩士論文」要撰寫；家庭方面，上有雙親、下有妻小顧養之責；以及厚重的融貸、家族、宗親與社團事務要面對，不用說，還有會議、交流、活動、人情世故等人際關係要打交道！

　　每日實事行程幾乎滿檔，強烈感受時間的寶貴，勞思焦心、絞腦傷神下，有種家事、公事、天下事等千斤萬擔壓肩之感，精神與體力幾近超限透支！自覺此階是人生中最辛苦、最充實的一段，回想這段歷程的反饋很是值得！

　　在這麼多重角色壓力下，能熬過來，想想自己人生上半場的成績單還算不簡單。時間滴答滾動，鐘聲敲我心弦，生命淬鍊下閱歷豐富、練達世事，得到不少啟發與感悟，這也是我寫這本書的驅動力，期許，自己人生中留點有用的引力！

　　以上羅列一堆絕非囉嗦與炫耀，因《剛途滴答》是筆者首本著作，希望藉此留下人生各站的印記，於自己年老時還可回首細品來路。有時會自戀此人生歷程，遠比全球許多領導人更博洽多聞，且整合、溝通與領導基底厚實，許多元首、高官或總裁級都還沒如此豐富的歷練，尤其是許多政治酬庸的肥貓，只靠關係、毫無專業資歷可言！

濃縮：人生上半場日記

歷練多元產業：廣結社會各層人脈，天南地北都可聊些。

農家子弟榮譽與驕傲：從基層業務拚到總經理；從牛耕、拿鋤頭拚

到碩士畢業；到能寫作出書，開創事業。

兩段學程：第一段高中畢業（18歲）離開校園；第二段42歲重返校園就讀大學，48歲碩士畢業，補足學業缺角，這段未計畫回鍋的插曲，可說是穿荊度棘，值得此生感動！

人生觸角擴及各階層，融合洗禮下看盡人生百態，可謂「三十年磨一劍」，藉由我見我思、領悟感觸，以寫作方式永存。

書名《朙途滴答》：人自出生時間就滴答前行，歲月也滴答層疊，「朙途」代表明通、朙正，以光明照亮人生的每個旅棧；「滴答」意含人的時間與歲月，它無討價還價的空間與現實。書名共四十八畫，吉，代表美化豐實，鶴立雞群，名利俱全，繁榮富貴之意，讓讀者大吉亨通。

人生的時間與歲月在滴答中遞減，「生命曲線」的正負，皆由個人心態與價值觀而定，要珍惜歲月、充實自我、活得精彩。筆者以自身實務閱歷，以篇章方式分享人生面面觀，上心到位、流暢易懂，適合各年齡層的人品嘗，年輕人尤是，望能對社會做出貢獻，凡品過《朙途滴答》的你，都有通達的啟迪功能。

精彩演說　　　健康休閒　　　管理碩士

結論

　　或許讀者會覺得，這只是一本很普通的勵志、雞湯或老套說教的書籍。社會百態用看、用評都容易，這是結果論。「寫作」其實要親身體驗才能真正感受，其中的酸甜苦辣與不簡單，尤其是我這門外漢，花了很長的時間才有頭緒！

　　筆者非文人，文筆不佳，一本書從無到有，構思、起筆、驗證、排序、校稿、定稿、篇章，多是人生闖蕩點滴堆疊的感悟，經過反覆流暢的修調，它很傷神、耗時、費心，必須很專注，至少我是，且是犧牲大量休閒與休息時間，默耕反覆細雕而成。

　　如有瑕疵、不通順、不合邏輯、不同觀點之處，望讀者能包容與體諒，如要再續創作，大概也沒如此心力了！

　　特別感謝，國小至碩士學程的五所母校：潛龍國小的游月鈴校長、龍潭國中的謝益修校長、龍潭高中的鍾碧霞校長、萬能科大航空暨工程學院沈國瑞院長、元智大學數位金融學群召集人丘邦翰教授，聯名推薦與開序指導！

　　感謝您願破費、花時間品嘗，希望讀者們齊心帶給地球村更多的陽光與正能量。

　　祝福您 一切順利，萬事圓滿！

筆者 KU 龍　庚子年 蒲月 吉日 / 時

Contents

目錄

一切都是最好的安排

　　有個偏遠的國都，國王非常喜歡打獵，有次國王在狩獵的過程中，被老虎咬斷一截小指，身為一國之君，小指頭卻是殘缺，每日看著斷指，悶悶不樂。

　　眼看國王終日借酒澆愁、荒廢政務，當時帶隊的宰相開口勸國王：「失去一截手指，總比失去生命要好，國王何必如此憂愁？這一切都是最好的安排。」

　　國王聽完大怒：「我呸，什麼？你說這是最好的安排？這一切都是你這宰相安排的行程！」

　　宰相：「是的，一切都是最好的安排。」

　　國王當下垮下臉，冷冷地說：「那就算我現在把你關進大牢，也是最好的安排囉？」

　　宰相不疾不徐地回：「是的，國王，就算是這樣，也是最好的安排。」

　　國王：「來人啊！把宰相給我押進大牢，沒我的命令誰也不得釋放他！」

　　幾年過去了，國王依舊熱衷於打獵。這回新任宰相安排得更嚴謹，不料國王在這次的狩獵追逐中，不慎掉落一座山谷，與隨從們走散了。

　　國王醒來後被五花大綁，是叫天天不應，呼地地不靈！原來他被

一個不知名的部落囚禁，這部落每年都要抓一個完人來「祭天」，當部落祭師幫國王淨身時，祭師突然大喊：「天啊！這個人少了一截小指！這非一個完美的軀體，我們萬不能拿他來祭天！」當下部落大佬覺得國王是個掃把星，深怕會帶來厄運，於是決定把國王放走。

因為缺指，國王撿回了一條性命，不久侍衛們找到國王。國王幸運安全回到國都後，立刻直奔大牢，去找那位被他囚禁多年的宰相，並激動地拉著他的手說：「宰相啊，你說的真對，一切都是最好的安排，可惜我當年沒聽懂，讓你白受這麼多苦，是我不對！」

被關了幾年，頭髮泛白已蓋住臉龐的宰相，仍緩緩地說：「國王啊！如果當年不是被你關入大牢，而是跟著你繼續狩獵，也許現在的我，早就變成部落祭天的完美祭品！這一切都是最好的安排。」

這故事與「塞翁失馬焉知非福，塞翁得馬焉知非禍」，異曲同工。

原文《淮南子·人間訓》：「夫禍福之轉而相生，其變難見也。近塞上之人有善術者，馬無故亡而入胡。人皆吊之。其父曰：『此何遽不為福乎？』居數月，其馬將胡駿馬而歸。人皆賀之。其父曰：『此何遽不為禍乎？』家富良馬，其子好騎，墮而折其髀。人皆吊之。其父曰：『此何遽不為福乎？』居一年，胡人大入塞，丁壯者引弦而戰，近塞之人，死者十九，此獨以跛之故，父子相保。故福之為禍，禍之為福，化不可極，深不可測也。」子因殘免征，而保住性命！

世間少有完美，常是人帥，不學無術，妻拜金；人醜，卻事業有成，婚姻美滿。有錢，但體弱，妻妾爭產；沒錢，卻康健，好人緣，妻賢。這或許是上帝一種巧妙的安排！黃金好，還是爛泥好？多數人答黃金，但如你是種子呢？所以，適合自己的最好！

人生中十有八九不如意，時晴，時雨，時順遂，時低潮，時高峰，時低谷。升官或被貶，此地不留爺，只要肯努力上進自有留爺處；男

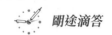

女失戀緣斷，或許下段情緣才是更好的姻緣。有時事與願違，並非故意為難，而是另有安排。

　　人生旅程有憂喜悲歡，過去的後悔遺憾、反覆懊惱只是徒增傷感，要做個豁達開朗的人。所遇之事，皆為好事，不是得到就是學到，「心寬境轉，萬事常心」，勿因人生路上的碎石或坑洞阻擋，而自哀自怨，因為前方還有很多精彩的風景等著你駐足與導覽，得與失，但凡心存善念，一切都是最好的安排！

老古說人生

人生旅程有憂喜悲歡，過去的後悔遺憾、反覆懊惱只是徒增傷感，要做個豁達開朗的人。

人生四階段

　　完整人生的旅程，會歷經幼兒、學齡、青春、工作、壯年與終老期，你我都會隨歲月增長而遇。而多數站程均須由己承擔與負責，你必須要正視以對，用心規劃！

人生四大階

一、幼兒時期：人生的1～6歲，此階日常起居由父母打理，成長密碼：

    1. 天真無邪：喜怒哀樂表達鮮明，肚子餓、不舒服、尿布溼、生氣等情緒，皆以不同哭聲與肢體動作傳達。

    2. 探索扎根：透過家、幼教與成長環境呵護天性，在心智進程中，學習互動與意識表達，是人格滋養萌芽扎根的重要期。

二、學業時期：人生的 7～24 歲（碩士止），校園是建構未來與體驗社會的縮影。開始有了自我：懂得比較、人脈機緣、融入世界；有了競爭，學習社交、培養榮譽與責任心，自主決斷與試錯調整的避風港，在護航下伴你成長。中學前起居大多仍由父母打點，高中起即面臨各種大小考，還有選校、選系、外宿、擔責、挫折與壓力等等，是參與群聚互動的歷練期，本期重心：

    1. 知識積累：開智慧、長知識，培養技能，儲備未來競項本事。

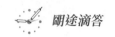

2. 人際互動：社交聯誼、培養興趣、幹部歷練、做人處事與戀愛體驗。

3. 職場前哨：把進入社會前的基柱夯實。

4. 此階不吃學習苦，將來必吃生活苦。

   註：在求知便捷下，未來各學程都可能縮短學期，提早步入社會。

三、工作時期：人生的 25～65 歲，此階的試煉遠比幼兒、求學期更複雜，夾雜利益、權力、攀比等。所謂生活與職場面面觀，環境市場變化的適應；競爭優劣、產業優汰；換道的茫然、人情冷暖的現實；擇偶、組織家庭與創業的抉擇壓力，是主導開創人生的起點。

1. 摸索衝刺：勤奮工作、升遷企圖、存款、購車⋯⋯

2. 態度思維：工作不養閒人，團隊不養懶人；不要只想賺錢，要先讓自己值錢；工作辛苦、受氣與不公都屬必然；賺不到錢，賺經驗、經歷、閱歷，態度健康，才能提升高度！

3. 方向定位：就業、職業、創業、事業。立志：事業起點。奮鬥：辛苦旅程。成功：耕耘收穫。心態：只要振奮精神，扎實工作，便穩賺不賠。

4. 組織家庭：孝順父母、照顧妻小、買房、投資。

5. 積穀防饑：為豐足的退休期作準備，人脈網、保險、退休年金、安穩儲金；額外收益：租金、孳息、保金、股息⋯⋯

四、退休時期：66 歲退休到年老壽終前的階段，樂活基要：平安健康、快樂自在；行動能自由、自主、自理的生活。

1. 糧草充裕：保有生活的品質、無懼突發的意外或傷病等開銷！

2. 規律生活：飲食珍攝、定量運動、修身養性、無憂煩罣。

3. 社交網絡：興趣副業、串門老友；合宜社團、公益志工、健康

休旅、興趣延伸。

4. 人生末端：無法自理時，有銀彈、保險規劃做後盾，享有優質尊嚴的照護，如養生村一條龍；如沒錢、沒規劃、子不孝＝病不起、沒尊嚴、等死。

人在成長進步中追求幸福、自由，打造幸福的環境，自由度才會越寬廣；人生亦如迷宮，上半生買票入場，下半生退場找出口。

發想：人生無常，世事難測，做好規劃，自在安心！當下苦是應該，退休苦真活該。據統計，約有75%退休的人，後悔年少時不努力。規劃不足＝保障不足，縱使退休後有健康的身體，生活也會被限縮、自閉苦悶、不快樂，因為沒錢、沒實力，萬事都難參與，再來自悔沒觀念都晚矣！這非談錢的粗俗問題，因為沒錢的現實就是無情，這是很寫實的課題。

人生猶如一本書，有人草率翻讀，有人細細品嘗；不一樣的心態，領悟出的人生也就不一樣。當下無論處於哪階段，都可重新審視，做好樂活的鋪陳與規劃。

老古說人生

人生猶如一本書，有人草率翻讀，有人細細品嘗；不一樣的心態，領悟出的人生也就不一樣。

人生低谷

人生猶如一座森林，有高峰與低谷，從進入校園起，競爭壓力就會接踵而至，理想與現實總相距甚遠，所謂低谷，不順遂會伴隨成長而來，每個世代都有自己要越過的山頭！

跌疼定律：飛得越高，跌得越疼。人生的精華高峰期總有段落，當遇下坡時就如洩氣的皮球是又急又快；遇瓶頸難關時，心情總會在低盪中迷惘徘徊，正常也。「錢多事少離家近」是幻想，大多是錢少離家近或錢多離家遠，且工時長。

失意：金榜未提名、計畫驟變、績效殿後、降級、被裁員、創業倒閉、被倒債；兵變、主角不是我，嫁錯人、娶錯妻、離婚；突發意外殘疾、親友辭世、本諸事順利到萬事碰壁、窮途末路；如當初如何如何現在就不會怎樣怎樣，常嘆千金難買早知道。以上你我或多或少都會沾有幾項，當短時間無法跳出漩渦，即處人生低谷期！

某藝人過去紅透半邊天，卻因事業逐漸走下坡及感情受挫雙重因素了結生命，何苦呢，都已經超越凡人登頂過。還有人因為過不去的小結，例如升學壓力、輸了賽事、被惡意中傷等，人生拉下謝幕！你堅韌的根在心裡，而非來自外部，需靠己滋養灌溉。

過去近30年在業務領域的鍛磨，悟出一套簡單面對低谷的態度。所謂業務，數字掛帥，績效治百病，績效好收入高，吃到的餅也多；

績效差收入少，心情自然差。面對每月歸零的壓力，加上榮譽心作祟，情緒常如波浪般高低震盪，此乃業務常見的心情寫照！凡事只要用心做，黽勉從事輸贏都精彩；重視品效、優化時間與行程管理，無愧天地、品德良知，數字的起伏就交給上帝吧！

心情不好、不開心、鬧情緒，最傷的就是自己，會造成身心超額負擔。任何低谷以痛苦接招都是笨法，要坦然以對，藉由低潮充實精進！許多業務因無法適應冷熱的跳動而轉職，這也是業務人事高流動的重要因子。

有位朋友於 2005 年自創網路品牌，剛好搭上風口熱潮，高峰期月入約 40～50 萬台幣，期間大膽置產、投資重劃區農地、預售屋，兩間店面月收租金有 13～14 萬。融資共約 3200 萬（15 年期），連本帶利月繳約 21 萬。心想以當時的收入加店租收益，應付貸款、生活、社交應酬還算輕鬆，並計劃 8～10 年內還清。誰知〇七到〇八年遇上次貸風暴，以及新競爭及替代品分食下，短短 4～5 年內間逐步退燒，月收僅剩 5～6 萬，很快現有預備金就給貸息吸光。

陸續出售預售屋折現約 700 萬，以及金飾、股票、有價品約 600 萬，都先還本降壓，但每月本利攤還 21 萬不變。因遇打房政策不利房地出售，夫妻決定咬牙苦撐，保留店面與重劃區農地。每月本業、店租，加上夫妻兼職收入，供償貸、小孩學費與日常開銷幾乎打平，生活非常吃緊。

有回在飯局上他跟我聊，外人看他開名車，光鮮亮麗，真週轉不靈沒錢就是沒錢，有數個月差 2～5 萬還貸，不得不跟母親稱票貼周轉。最慘的是，有幾回因稅金、卡債、小孩的學費，連幾千元都擠不出，拿小孩的撲滿、儲金與蒐集的舊鈔、舊幣換現應急才過關。社團活動出門都需銀彈，為節流都 Pass。他說你信不信，真遇上才能體會，

吃緊時少個百千元都得開口周轉。

夫妻倆沒給市場驟變的低谷擊潰，而是選擇勇敢迎戰！截稿前，他們 15 年的房貸就快繳完，未來迎接的是無債一身輕，本業收入、店租收益；重劃地加二間店面，市值已破億。未來屆齡勞保與退職金的反饋，50 幾歲寬鬆待退的生活，真是苦盡甘來。

席維斯史特龍早年拿著自己創作的劇本《洛基》，四處找導演、製片、藝人合作，共被拒絕了 1855 次！最終有個拒絕 20 次的導演願嘗試用他，片酬只有 2.3 萬美元。1976 年《洛基》上映票房締造佳績，奠定他日後巨星的身價，最高片酬約二千萬美元。後續《洛基》拍六集，其他等片續創佳績，《第一滴血》拍到第五集《最後一滴血》，當時已 73 歲的席維斯史特龍還是如此輝煌。

低谷錯覺：阿志是位資優生，因結識了損友，染上惡習，此後課業一落千丈退到滿江紅，與家人感情由濃轉淡。阿志常嘆：懷才不遇、時運差，為何挫折、低谷都讓我遇上。這絕非低谷，問題在阿志交友及面對人生的態度與價值觀的錯置。

宇宙、氣候、海洋、社會、人體，均屬複雜萬難預測；人生起伏當然也是，最痛苦的非開端就處生命低谷的人，而是從人生頂峰急墜到谷底之人。心靈受創下，還能自在淡然處事、勇敢接招，這才是面對逆境的智者，他能豁達看透人生複雜的變化，健康面對、彈性伸縮。如 2020 年「新冠病毒」的出現，重大改變人類過去的常規，重創全球百工百業，有人積極變通，開闢新桃花源；有人退出江湖，逃避歸隱。

人生總在半水半火、半峰半崖中成長，所謂「飄風不終朝，驟雨不終日」，沒有永遠的氣旋，生命不會一直處於冬眠，歷經高低波濤磨難，才能感受谷底翻身的感動，這何嘗不是一種新生！人生失落的，本就比得到的多。

　　發想：圓規為何可畫圓，因心定，腳在走；敗者為何難圓夢，因心浮，腳不動。做沒做過的事，叫成長；做不願意做的事，叫改變；做不敢做的事，叫突破。能從低谷中看透真實、努力奮進再攀峰頂，是多麼值得驕傲的事。

　　刀要人磨，人要事磨，良器都是歷經風雨洗禮而成！金子靠火、勇者靠逆境試煉。背對陰影，陰影一輩子黏附；面對陽光，陰影自動消散。沒問題的人常是出局的人，遇順境不逞強，遇逆境不示弱，山不轉，路轉；路不轉，人轉；人不轉，心轉；客不來，我來；看開失去一次，看不開失去一輩子。

　　困難如是顆石頭，你放在頭頂會壓得喘不過氣，但如「轉念」置於腳底，它即成助你逆轉的墊腳石。深海才有大魚，能抗壓才能成鑽；有痛苦、愉悅、丟臉、掙扎過，且難以預測，才叫品味人生。

　　生命有風有雨，也有彩虹與陽光，你不忙、不煩、不苦、不累，乾脆回去見佛祖；不是井裡沒有水，而是你挖得不夠深；不是成功未到，而是放棄太快。生活不靠淚水，是靠汗水。寧可苦一陣子，不要苦一輩子，許多人遇事選擇逃避，以致一輩子嘗苦。

　　人生是場修行，在經歷中成長，凡發生的好都是福，壞均是助攻，日出東海落西山，愁與喜都是一天，遇事不要鑽牛角尖，人與心都舒坦。再逢低谷時，要克其難、安其苦、耐其薄、克其險；要堅如鐵、壯如牛、躍如虎、行如龍，迎難而上，知難而進，決不退縮，朝心中那盞明燈，勇敢穩舵續向前航！

人生藍圖

　　每個人的內心世界都有一個江湖與天下，來到人間都有他的旅程與目的，有無思考過你降世的目的？你有責去挖掘，輪廓越清晰，就會越珍惜有限的時間，開創出無限的格局，勾勒出完美的「人生藍圖」。如無感、沒概念，那人生這幅畫就會缺角、失塊，實難躍上鑽石舞台！

　　蓋房子、明天要做什麼，都先要有藍圖；屋頂抓漏，絕非在颱風下雨時，而是在晴天陽光露臉時；等到送加護病房，再規劃養生保健、吃補品，沒效啦！計程車無乘客、沒目標時，連左右都難定。

　　人生「史記簿」，源自你學習、歷練、衝撞下所堆疊的拼圖，鍛磨越多元、態度越正面，生命曲線的色彩就會越豐富。成功非忽然雲開騰出，要靠點滴鋪陳繪製、充實逐染而來，有責任感才有使命感。我們小時候都有夢想，把實現的過程具體化，即「人生藍圖」！

　　人要活得有希望與尊嚴，你可慵懶一輩子，也可精彩一生！有四種人，你屬？

1. 人渣：指作奸犯科、不務正業、欺負弱小、心術不正之人。

2. 人手：指論件計時、按月計酬；以時間、體力換取報酬之人。

3. 人才：指有才能，放對地方，透過耕耘、修練，以專業技能取勝之人。

4. 人物：指做大事、公益行善、胸懷慈悲、小我完成大我，不計個人、計眾利之人。

目標觀點

合理目標，在於完成後是否產生價值與意義。可把大目標切割成無數的小階梯，再一個個搞定它！

1. 當下：任何事只要啟動就會有進度。例：每天習慣列出重要的五件事完成它，哪怕是今天休假利用空檔打理家務、電腦歸檔、看篇經典、替愛車打蠟、跑五圈操場等，也會得到小小的收穫與成就感。但有一群人每天最重要的目標卻是玩遊戲、打怪升級！

2. 短期：一年內要熟記二千英文單字，則必須系統化半年一千字、每月 167 字、每日熟讀約 6 個，並反覆加深。

3. 中期：計劃大學畢業後到網科公司發展，首要報考有關科系，並利用課餘充實相關專業。

4. 中長期：三十歲前要存百萬金開創事業，所以要倍加努力、提升技能、用心經營人脈與儲蓄計畫。

5. 目標細緻：以年、月、週、日、時分類，做好進程管理，高效執行。每年都要做出幾件對己有益的事，如學會游泳、考證照、強化本業或學新技。

6. 長期：理想、抱負預設期點。

7. 比氣長：人生非短跑競賽，而是長途馬拉松，沒停下就有機會超越任何可能，如齊白石經典畫作，大多是 80 歲後所創。

輔助指標

1. 健康的身心：人在輝煌時，有健康之軀才能享受人生；落魄時，體健才能東山再起！態度正確離成功不遠，勤能補拙，不畏苦，迎難而上。任事態度：誠信務實、戒慎恐懼、如履薄冰、如臨深淵。

2. 家庭與親情：人生中最堅強、最挺你、最不易變心的靠山與避風港。

3. 興趣與專業：生活中不斷體驗、嘗試、進化，雕琢出自己品牌特色。

4. 願景與渴望：對未來充滿無限的想像，導入計畫與執行。

5. 朋友與愛人：生活中心情的保養、潤滑與紓壓劑。

6. 貴人與夥伴：建構人脈核心，處事圓融、競相優勢，常分享、願施捨自有貴人助。

7. 工作與事業：整合資源，充分發揮與運用，是歷練積累的總驗收。

8. 抗壓與排阻：無畏逆境挫折，危機即轉機、化阻力為助力，正視它，解鎖或刪除！

9. 財富與人生：人生史記簿裡每條、每頁紀錄的加總。

10. 把每天瑣碎平凡的事，堆積成偉大的事，幹什麼都能學些東西，就怕你什麼都不幹。

我們對曲折張力的故事特別有感！你的人生故事，在一路觀探、碰撞、修調中成長茁壯。在有限的人生，開創更多不一樣的自己，只要你願意，前方絕無禁止通行的號誌。

人一生的成就，是無數時間切片所構成，要懂得加減乘除，為己打一副好牌，善用你的「時間權」，驅動渴望與成功線徑。凡事都有因果，付出多少，藍圖就會呈現何態樣。所有好壞經驗都是成長的梯階，勿處在悔恨、失望、挫折、鬱悶漩渦中，要以過五關斬六將之勢朝理想挺進！

千里行，始於足，要如燕子勤奮築巢，勿當鴿子等人餵食；勿光溜溜空白往返人間，這輩子沒有人比你更在乎己，要細雕善待。不求功名，至少也要做個有價值的人，用榮譽寫日記，用光榮寫歷史。

演戲是瘋子，看戲是傻子，每個人都在為自己的畫紙創作上色，在有形與無形的世界，沒有固定運行的規則，你我故事都不同，思路決定出路，遠界決定境界！重拾你的人生彩筆吧，把「人生藍圖」勾繪成一幅精彩壯闊的巨作。

老古說人生
每個人都在為自己的畫紙創作上色，你我故事都不同，思路決定出路，遠界決定境界！

05

人際關係

　　人際關係，指人我互動、相互依存及通訊連結的社會關係，它對個人的情緒、生活、工作、事業上，以及對組織的互通、協作、效率、融合上，都有極大的影響。人有二眼：肉眼與心眼，要以人為富、以人為貴，你對人友善，自然有人對你好；好話一句三冬暖，惡語傷人六月寒，當然許多煩惱也源自人際，亦不該一昧交攀、卑躬屈膝討好別人，要把人脈當資產，重視它的保值與增值！

　　人我關係有兩種，一為「權力關係」（power relationship），指在群體中因權屬地位而建立的關係，另一種為「人際關係」（interpersonal relationship），指非利害之親情、友情等關係。

　　能力是王牌、學歷是銀牌、關係是金牌，美國商業雜誌一篇報導提到，成功及所積累的財富，有 12.5% 來自個人專業與知識，87.5% 來自人際鏈。人類不斷進化，世界已走向緊密的「協作關係」，一台飛機、一艘遊輪、一棟房子、一台電腦、一支手機，均由百千萬的料材所組成，從幾個到數十個國家、幾十到幾百家廠商協作下所完成。例：一架波音 747 約有 600 萬個零件，這些零件來自全球各地、各商的供應，連顆螺絲都很重要！

　　以「人」為主體，無論是職場、組織經營、創業或成就某事，你自己很難做到千精百通，如萬事都得親自主導，那必定戰死沙場或累

垮自己。你必須建置人際協作網，就像網路科技是高端協作下的成品。在生活中設定關鍵時刻的救生員名單。假設遇到法律問題，你有律師好友，只要一通電話就可釋疑解惑；你有建築師的好友，稍作請益或小酌二杯，就能獲取建築構思規劃的概念；你有醫界好友，當有健康醫療問題時，他能提供你專業良言，不然你就得掛號排隊；你有會計師、房仲、代書、保險業好友，當你有不動產、保險或投資理財問題時，他們會提供你相關節稅、最佳的配方與良策，如都沒有誰理你。

財從口進，財從口出；多灑香水，少灑苦水；脾氣來了，福氣走了。「人際關係」就是做人處事、與人打交道，人與人間，要厚道做人、實心任事；人際溫度亦如戀愛中的情侶，每多一次爭吵，離分手就越近。有時可適當讓利，自己保留好人緣。

人脈就是錢脈，人際網是求知、解惑、協作的捷徑，有些人五湖四海，政治人物、地方人士、社團領袖或黑幫大哥都有交識，遇事居中協調有時還挺有效的，因為名號出竅，賣面子就好商量、大化小！

當然，人脈非無上限，有三級數，分別為熟識、半熟與陌生，緊急時有 10 位願出手協助、平常有 30 位常通之友、一生保有 80～100 位熟識有用的人脈網就已足夠。因為大家時間都寶貴，經營有一定的限度。當然，結錯負脈也會積累負能，酒肉、嗜賭、好逸惡勞、借貸度日、口無遮攔、心術不正、心眼帶刺、糟蹋社會之人，都該少沾避免被汙化！

人際關係，修養很重要，如經常在社群空戰互評或暗指的話，想想朋友圈會怎麼論你？大多會與你保持距離，例：某員工在職時常發文暗批老闆，離職後，老闆也公開指責他過去工作種種，空戰下，日後老闆招聘或該員工找工作面試時，結局是負痕下二敗俱傷。絕無必要在公網發表負言，把自己人品打臭！

人我互動，切忌談論政治、宗教、性向等議題！常見選舉期在群組發表言論、造勢特輯，同性議題正反觀點，任何群體都是多元各有支持、中立與反對，你主觀的熱衷，會給自己貼上標籤影響人際延伸，衝動前三思也！

現代AI智慧是無感情的，它完全依指令辦事，雖不易出錯，但不夠隨機變通；而人是有感情、情緒、理性與感性的，任何時點都可能產生變異。

「人際關係」是靠溫度與情感堆疊而生的漸進工程，它無時間與空間限制，沒有邊界時刻都在進化。取人之優如寶盆，道人之短如廢桶，人的思想、語言、行為都是因，會產生相應的果，要常自省修調。自私、貪心、失德、失禮、道人長短等都會影響人際。人生三件事無法抓回：時間、行為、機會，得道人多助，失道人寡助。

人脈廣不代表人際關係就好，不能到處蜻蜓點水，點頭之交與熟識深交，差異懸殊。有時經營一堆不如幾個真心知己，要懂刪丟。處事圓融者，特點是多聽少說、沒有心機、就事論事、對事不對人、常給溫暖與關懷、懂得尊重體諒、善解包容、將心比心、讚美鼓勵、分享智慧，總帶給人安心、安全、信心與希望，你占了幾項呢？

六種人值得深交：1.肯借你錢的人，每分毫都是血汗錢；2.捨得給你的人，非因東西多，而是慷慨；3.合作時願讓利的人，非因笨，而是知分享；4.工作時願主動多幹的人，非傻，而是懂責任；5.會主動買單的人，非錢多，而是把友情看得比錢重要；6.願幫你的人，非欠你什麼，而是把你當知己。

不論奇才還是人才，缺乏人際都成木材。做人如山，堅定且屹立不搖；做事如水，彈性而伸縮自如，當人脈網建置成熟，它能加速解鎖與排憂，帶給你健康、快樂與溫暖，助你事滿功成！

06

人類源起

　　人類從何來？至今仍是謎。據說人類祖先起源於非洲，距今約500～700萬年前，研究指出，人類的DNA約有98.4%與黑猩猩相同，人類和自己的近親黑猩猩拆夥後，逐漸成為萬物之靈。

　　查德人猿，是種只有化石的猿，2001年7月到2002年3月間於非洲查德被發現，預估生於700萬年前，牠被稱為最古老人類與黑猩猩最近的共同祖先。

　　當然你會說黑猩猩全身都是毛，人類只少數部位有體毛，如何能是人類的先祖呢？有此一說，二戰期間德國對許多歐洲國家展開轟炸，一位德國病理學家魏斯登霍法，於1942年提出了「水猿理論」，當時戰火連天，人們處在水深火熱中，一般的學者保命為重，哪有興趣研討人類皮膚的相關問題，所以這理論在當時並沒有受到重視。

　　到了1960年，英國海洋生物學家哈迪，曾被英王封為爵士，再次對人類體毛脫落問題進行考察，並重新翻出「水猿理論」。

　　水猿理論的概述是這樣的：約在800萬到400萬年前，非洲東北部由於海平面升高，大片土地被淹沒，劇烈的環境變化促進了人猿的演化，為了生存，古猿在很短的時間適應了海中生活，因毛皮在水中活動會產生阻力、妨礙日常活動，不利於生存，因此人猿在自然選擇中褪掉身上的長毛。

到了 400 萬年前，海平面下降，被淹沒的土地重新露出，水猿回歸陸地生活，逐漸演化成為人類的體態。正是這段水中生活的歷程，導致水猿體毛脫落，換上一層厚厚的皮下脂肪儲存熱量。至於為什麼人類會有頭髮，那是因為游泳時要經常抬頭呼吸，所以頭髮得以保留下來。但除頭髮，人類其他部位的體毛，又如何解釋？

所以另有一說，適者生存的演化：人類在演化的過程中，出於衛生因素才將濃毛退化。這種理論認為，濃密的毛髮中容易孳生蝨子、跳蚤等各種寄生蟲，不僅會吸人的血，而且易感染傳染疾病。

人類先祖學會狩獵後，吃肉和狩獵會使毛髮弄髒，就像禿鷹以動物的屍體為食，常把頭伸入動物屍體中進食，頭部因而沾滿血，對進食造成阻礙及影響衛生，所以禿鷹頭部的毛就漸漸退去，人類有可能也是類似原因而演化的。

再來，人類狩獵時要保持敏捷才能追逐獵物，狩獵的過程中奔跑會產生許多熱量。渾身長毛除了導致動作跑不快外，也無法快速降溫，所以脫去毛皮外衣，能增加身體表面的汗腺，就能更快散熱，再以脂肪代替毛皮，既能出汗降溫，又能在寒冷時保暖或以火取暖。而為了保暖，人類得到了一層皮下脂肪。

小結：1.人類至今約 500～700 萬年；2.人類 DNA 與黑猩猩有九成多相同；3.其他演化觀點。以上無論信不信，起碼有個概念，與他人聊起此話題時你不陌生，長知識！

目前人類使用的語言大約有 7200 種，其中有約 2000 種有自己的文字。

07

人類演化與蛻變

　　千年彈指過，人類已歷經 500～700 萬年的演化與蛻變。

　　生存演變從狩獵、採集、牛馬農耕到機械系統耕作。運輸從人力、動物、蒸汽火車到油電智能車、遠航郵輪、飛航器。從簡單到複雜，以前一台機器幾個零件，現在是錯綜複雜，一台遠航機能飛越上萬公里。

　　幾個強國演化：古埃及王朝從公元前約 32 世紀到前 343 年；古希臘從公元前 12 世紀到前 146 年；羅馬帝國從公元前 27 年到 1204 年；秦始皇統一天下在公元前 221 到前 207 年；成吉思汗蒙古帝國在 1206 到 1368 年；18 至 19 世紀英國為海上霸主；19 世紀至今的超級美國，以及其他經濟體大國的崛起。以前是以武力拚輸贏，現在以經濟、影響力、理法展實力、定勝負！

　　未來的世界可能如大爆炸般地蛻變，哪天地球人到宇宙觀光旅遊，到海底、地底居住、度假，說不定成為普及。想想月球或火星上第一座星宇機場，第一家宇宙飯店、百貨商城開幕，各國元首齊聚剪綵、觀光客現場見證！

　　回到現代，新科技、技術是日新月異、突飛猛進，學校所學的知識、用的工具，到畢業可能有半數已過時汰除，很多未來的趨勢學校老師根本無法傳授。未來進階到 5G、6G，誰還用 3G、4G。21 世紀報媒一週的資訊，可能相當於 18、19 世紀的人一生的吸收量；以前周遊

列國談何容易，現拜科技之賜一卡皮箱直接啟程，當天來回。

1995 年以前全球網路交易幾乎是零，未來全球電子商務每年交易額都會以兆美元起跳。你看阿里巴巴每年雙 11 節的成長績效與「剁手族」一詞誕生即知。

人類收音機熱了 38 年；舊式傳統映像管電視熱了約 20 幾年；桌電熱了 6～8 年；iPod 熱了 3 年；部分社群平台只熱 1～3 年；有些科技創意不到一年就夭折，未來科技可以想見更是多元新穎。

2000 年全球財富前十強企業，分別為：1.通用汽車；2.沃爾瑪；3.美孚；4.福特；5.克萊斯勒；6.三井；7.三菱；8.豐田；9.通用電器；10.伊藤忠，對比今日網搜前十大已大幅重新洗牌。

案例一：諾基亞曾是手機市場的龍頭，2000 年時市值近 2500 億美元，僅次於麥當勞及可口可樂。1997 年，諾基亞擊敗摩托羅拉登上全球手機龍頭寶座，並連續蟬聯 14 年銷售冠軍，是諾基亞最輝煌的時期。

面對蘋果公司 2007 年推出首代 iPhone 和三星安卓的陣營夾擊，加上諾基亞牛步的改革步伐，在 2011 年被蘋果及三星雙雙超越，失去手機銷量的寶座。曾叱吒風雲的商業巨擘，在失去演化競爭力後，難逃分解出售的命運。

案例二：柯達公司 2012 年申請破產，從 310 億跌到 1.45 億美元，15 年市值蒸發 99%。反觀蘋果公司，在 2018 年 8 月市值便超越 1 兆美元大關，成為世界最有價值的品牌！

農業社會約 95%的人從事生產，5%的人消費；工業社會生產及消費人口各約 95%；未來社會可能變成 10%人力比 90%智能產線。迅猛超速的世界：AI 智能、量子計算、大數據、5～6G 的顛覆；醫療生技：延壽、人造器官；軍事、宇宙衛星、深海礦權探索等競逐；膠囊餐食、超速科技、區塊鏈、虛擬數位貨幣、迷幻的電遊世界等等，你準備好

迎接巨變的新紀元嗎？精彩可期！

當然進步下也帶來負潮，破解智能詐騙的進化：盜刷、竊取數據；海量訊息鋪天蓋地，帶著假視頻、假交易、假帳號、假用戶、假流量，以假亂真，難斷真偽，對網路信任是項嚴峻的挑戰，你看選舉雙方互用網軍作戰即是。

人類進化

女性內褲：由長到短，再到性感的幾條布料，再也不是以保暖目的為訴求。

提筆寫字：還記得多少《古文觀止》？書法、墨寶文化正逐漸消逝。交流工具：從甲骨文至網路社交，沒了軟硬體這世界會變成什麼模樣？

富貴標籤：拼出生、靠爸、依娘；奢品牌、重表面、爭名利，超載物慾讓人迷航。上帝進化：過去上帝是「太陽」，現在「錢」才是上帝，很寫實。古代勤奮、孝順就是好男人；現代要帥、體貼、懂情趣，還要有財、有事業！

按鍵，越來越少、屏幕，越來越大；思考，越來越少，大家習慣做輕鬆便宜的事，忘了辛勤播種、苦練實幹的年代。科技綑綁，數位資訊革命改變了世界，同時也為懶惰打開方便之門，人類逐步被科技慣壞，「由原始人變成豬（好吃懶做）」不失為極貼切的形容。學生、工人最怕由享樂轉苦悶的憂鬱星期一，要體認到，生活中勞動是必須的。

人類思維，變成一連串的消費條碼，區別是不同組合的刷付；生存工具逐漸被鼠標取代，無網生活不知會變何態樣？

垃圾食品：為牟利不擇手段加工添物，商人須提升良知，做抗汙

的模範。

　　人類獲取財富與滿足慾望的同時，也在榨乾地球，要提高環保觀，為地球盡份心。違反人道：殘害「物靈」，只為滿足口腹與炫耀之慾；大自然遭人為破壞、森林土地遭超限墾伐，必遭反撲！想想看，2020年新冠病毒肆虐高峰期，全球封鎖下，許多地方的空氣保淨、天空保藍、河水保清就陸續回來了，許多地區「空汙」竟是二戰以來最乾淨的；那些遭人類長期霸占的區域，因封鎖限縮活動之故，好多物種都罕見地悠然現身，在海邊與都市漫步並繁衍，可惜只是曇花一現！

　　大地屬於萬物共有，要心存感激與之共存榮，保留點空間給其他物種，像阿拉伯聯合大公國就保留約 17%面積做為保育區。2019 年 7月 25 日聯合國 73 屆聯合大會間，宣告每年 4 月 5 日為「國際良心日」，用愛與良心打造世界和平、團結、包容、理解、永續的地球村。

　　戰爭，由原始石頭刀棍，到一、二戰的槍砲、原子彈、氫彈，著實讓人隱憂，愛因斯坦有一句名言：「第三次世界大戰武器進化至何我不知道，但第四次大戰將會用木棍和石頭開戰。」

　　「低頭族」像吃了迷藥，被下蠱、中毒、上銬般，沒了手機即陷入恐慌與混亂，看似得到更多方便，卻也失去更多自由。有二張強烈對比的畫面，一張是先進國家的火車站，有成千下課學生等車時，只顧低頭滑手機；另一張是落後國家的火車站，一樣是百千學生放學等車與低頭，但他們都在看書，兩個世界不同風貌，夾雜憂慮與感動！

　　以前不離不棄是夫妻，現在是手機；一機在手天長地久，機不在身魂都沒有，放不下手機過度沉溺於網路，我們終將被科技主宰！建議多看《朗途滴答》有益身心！

　　置入行銷：生活周遭，影視、賽事、網路、節慶活動、宗教盛事、明星都在置入性行銷，我們卻心甘情願融於其中，品牌行銷已嚴重到

天羅地網包覆地球每個角落。大家只聽聞四面八方的訊息，看著來自別人的想法，缺乏判斷，人云亦云、添油加醋四處傳送，自己瞎盲與茫地跟風。

回觀歷史，人類演化總能度過一波波的考驗，你我非常有幸參與高速演化的世代，受益科技的同時，也該保有人類初始原味！

贈人玫瑰，手留餘香，改變人類與地球的養分，需你我一起擔責，多奉獻，盡份心，傳遞愛，耕福田，人與機器都需適當靜下休養，地球當然也是！

老古說人生

贈人玫瑰，手留餘香，改變人類與地球的養分，需你我一起擔責。

八二法則

　　帕累托法則（英語：Pareto principle），也稱 80/20 關鍵少數法則。八二法則是指，約有 20%的變因操縱著 80%的局面，也就是說，所有變量中，最重要的只有 20%，剩餘 80%雖占多數控制的範圍，卻遠低於 20%「關鍵的少數」。

80/20 法則運用

1. 心情上：問自己 80%的快樂，是從哪 20%所帶來的？可讓你把時間精準投資在這 20%快樂的來源，並將其餘 80%有效調配。

2. 業績上：業務 80%的績效來自 20%的客戶或產品，應與這些客戶保持良好的互動，提供更優質的服務。

   業務行銷：這世上約 80%產品是由 20%的業務菁英成交的；剩下 20%的產品則由 80%次級的業務所分食。實務觀察 30 年來，業務生態確實大多如此，每月上台授獎的主角大概就是 15～20%的比重。

3. 時間上：一天工作中你最投入 20%的時段，創造出 80%的產效，其他 80%的時間可能就是一種耗損，你必須積極擴大 20%高效的延展性來成就自我。

4. 努力上：所有付出有 20%形成 80%的產出，試著找出是哪些因素造成 80%的果，重新調整軌道，將心力更有效地運用在最重要的 20%上，必能產生高效的果。

5. 團隊 20%的菁英：如都離開公司，這家公司可能就垮了，所以，企業務必保住這 20%的關鍵人才。

6. 財富分配：世界財富分配更是呈現兩極，2017 年全球富人人口的 1%中，卻掌握著全球 82%的財富；全球前八大富豪的財富加總起來，超過全球一半人口的總額，且有逐年增高之勢。

7. 訴苦抱怨：20%的朋友會假裝關心傾聽；80%的朋友認為那是你的事，關他屁事。

八二法則概念用在各個職場、團隊比重都很實際，職場上班族約 80%都有些許的悲觀、負面、消極，批評這、抱怨那！

轉念：世上 80%的事都是由那些不舒服的人幹出來的，賴床與早起哪個舒服？早起雖苦但有蟲吃。如果你培養樂觀、正面、積極的態度，勇敢面對任何工作環境、生活中的挑戰及情場的波浪，那你就大有機會擠入前 20%菁英行列，因為，你肯定勝過多數悲觀、負面、消極的人。

每天利用 15～20 分鐘的時間，落實隔日效程的規劃，你甚至有機會擠入前 5～10%高端組的行列！因為你做足準備、高效任事、適應無窮，啟動你的金鎖測試吧！

09

十字路口之選擇

　　世上唯一不變的，就是這世界天天都在改變！新選擇代表送舊迎新的體驗；放棄或調整原來熟悉所接觸的事物。慎選是成就自我的首要，我們每天都面臨無數的選擇。

　　人生有太多的選擇，生活方面：幾點起床、就寢？要穿、要吃什麼？是否參加這餐會、活動？學業方面：升學、選校、挑系、選社團？工作方面：拜訪哪位客戶、跑完客戶後要做什麼、明日行程？職業倦怠換跑道？續約或創業？感情方面：值得託付終身、斬緣？

　　「人生路」常會因路徑變化出現轉折岔口，抉擇是否換賽道奔馳，該停留或退出？該放棄或勇敢迎戰？向左或向右？每一次的決定都像種賭注，我們常會站在極陌生的「十字路口」瞻前顧後，猶豫、等待或決定探索未知的下一站，是福是禍還真沒肯定句！但如覺得長期工作不開心、不公平就該停損，千萬不要想多、做少，不滿意又捨不得離開！

　　人生本就沒劇本，即使規劃完美，也常沒照劇本走。你有你的計畫，但世界另有它的劇本！如許多「獨角獸」快速崛起，最後多數以急墜式「毒角獸」收攤。人算不如天算，日本東京為 2020 年奧運投入巨資、做足準備，最後卻被新冠病毒擊潰夢碎。

畫面

男A君：我80年代退伍前去報考三家電視台的歌星及演員甄試，很幸運二項都錄取。電視台來函多次催促報到，當時因考量身上沒積蓄、剛入行收入不穩，隻身北上食宿自理實難負擔等種種因素，只好放棄演藝路的夢想。如果當年排除萬難、堅持理想踏入演藝圈，說不定現在的我也跟德華、學友等大咖齊名。即便過了幾十年，遇上老朋友總會反覆提及遺憾的往事，唱著：跟往事乾杯，我醉了，我沒茫，今夜又攔在下雨，台北今夜冷清清……

男B君：當年考上第一志願最高學府，某國立大學○○科系，因一心想減少家裡負擔，所以放棄遠征。如果當初突破心防，勇敢果斷進入熱門首選，日後或許會成為留美的科學家、企業家、總顧問，而非現在過著庸庸碌碌、窩囊普通的上班族。

女C君：剛出社會時，有位男同事很積極熱烈地追求我，但當時我跟初戀男友仍交往中，所以選擇拒絕、不理會、不當一回事。幾年後跟初戀結婚，過著平凡庸碌的日子。

近來與先生常因小孩就學及理財觀念起爭執，沉靜時常感後悔！且聽聞以前追求我那位無緣的男同事，現在是位非常傑出的企業家。早知當初我就不該對初戀如此堅貞，如果當時有認真思考、彈性嘗試比較的話，現在的我可能就是飛上枝頭的鳳凰、億萬身價的董娘，真是千金難買早知道！

女D君：年輕時因公司倚重拔擢升遷，一切以工作為重，得罪不少人，放棄了許多婚姻、生子、組織美滿家庭的機會！近來公司瀕臨倒閉，降職降薪、陸續裁員，如今年過40也失去最佳姻緣的機會。常想，當時只為職務及稍高的薪資，捨棄不少，真後悔不已。好羨慕許

多親友全家和樂溫馨的畫面，每當夜深人靜、逢年過節時，更感孤獨與失落，當時決定究竟是對或錯，唉！只能記錄在個人歷史帳本上。

生活中常遇故人憶當年，如何如何，有因轉換平步青雲的；也有換道失利的。人們總是較記得流失與錯過的，對擁有的現況會較無感或不知足！有人說一生中，婚姻、工作、學技是場豪賭，但如遲未下決定而隨波逐流，自己的機會與價值只會越來越消弱。人生路如何在工作與生活間取得均衡？遇瓶頸該如何抉擇？其實不選也是一種選，不動也是一種動，它只是被動消極的選項就是了。

前聯控集團董事長柳傳志把所有事總歸成以下三項：

1. 我是誰：了解自己有何專長，條件與能力是否可達標。許多人常高估自己，為短利、傻義氣或負氣就轉道，沒有釘子就不該拿起鎚子。

2. 從哪來：了解所處的大環境趨勢如何。

3. 要到哪去：設定符合自己合理的目標挺進。

自問：你是誰、你能做什麼、你為誰而做、市場是否需你這麼做；後續人們是否因你做的，持續改善獲得幫助。如果你做的事社會都有需求，那就成功了。

目標勿超限膨脹，例：你身高一米六，總想著要挑戰麥可喬丹與進軍NBA，就算你三餐都吃歐羅肥也無法長至二米高；你只有高中文憑，卻想著當教育部長，執掌教改；你是年過30的旱鴨子，卻夢想超越菲爾普斯的紀錄；狗身想變成獅王、菜頭想變芒果，就別不切實際、浪費時間作白日夢了。

你目前是否對工作或老闆不滿、主管偏心不公、與同事水火不容、

對產業的未來沒有信心，猶豫轉道闖闖？許多換道是與個人情緒、性格有關，當自省修調！但如確為他人、他因，與其不開心、痛苦面對，還不如勇敢換道、重新出發！

鎖定效應：你未來的選擇，會受到現在選擇的限制！有句話值得猶豫者參考，「你不先把自己吞噬，就等別人來吞噬你」。許多科技大廠用自研的新品去淘汰自家的舊品，以避免由其他競爭者來吞噬。

沒有人可阻止即將到來的事，無論是誰、角色為何，人的一生實難一帆風順、萬事如意，這或許是自然界除時間外，最公平的安排了。千里之行，始於足下，無論選擇哪條路、哪位對象、行不行、正確否，誰也說不準！

樹的方向由風決定，但人的方向可由己作主，如在理智下做了取捨，就該全力拚搏，並保持彈性的適應力。遇阻能面對、挑戰、接受、雕琢、調整、放棄它。自己做決定吧，別人給的意見你不見得要聽，就算聽進去，對方也無法跟你共同承擔結果，重要的事還是該由己主導。

平淡的生活人人會過，有時選擇面對挑戰，你要有勇氣、膽識，甚至些許叛逆。許多事都是歷經險苦而結好果，欲欣賞頂峰美景，總得花點時間、費點氣力踏上旅途，「不禁一番寒徹骨，哪得梅花撲鼻香」，當登頂時你眼前的景色，肯定會更加壯闊與美麗。

上帝是公平的，改變總在愛與期待下，你每次的選擇都可能影響未來與世界！人生不如意十有八九，要常想你所擁有的一二！「選擇」是要負責與買單的，再遇抉擇難題時，透過經驗積累、見聞、人脈、知識與預見趨勢，計入時間與機會成本，做出當前最佳選擇，千萬別猶豫不決，即使選擇後仍不順遂，也是上天對你的考驗，它能讓你的人生變得更多彩而豐富！

10

上台不緊張

許多人應該都有這樣的經驗，小時候在課堂上被老師臨時點名，還是步入社會被單位主管指派上台分享或演講時，會心跳加速、思緒錯亂，上台後身體會不自主地發抖、腦袋空白、說話結巴、口齒不清。專業醫師說，此乃自主神經中的交感神經啟動身體的緊急應變系統，刺激腎上腺素的分泌所造成的自然現象，可透過經驗與歷練來克服！

當你有機會上台展才時

心理建設：消除恐懼唯一的方法就是面對加不要臉，例：許多運動選手害怕比賽失常，多會以鍛鍊取代焦慮。克服心理障礙，我不怕，選我、選我、選我！這是「千載難逢」練膽培養實戰的大好良機。你想，學校有三千名學生、公司有三百位同事、社團有百位菁英，如有機會中選主持或掌控全局，這「萬中選一」的機會是多麼幸運的事。台上三分鐘，台下十年功，「實戰」是克服心魔、提升功力的最佳捷徑。

蒐集題材：想想能為聽眾解決什麼問題或帶來什麼好處！就相關題材結合個人思維定出標題綱要，建檔排稿，創作出屬於自己的套路，內容太雜、講不清楚會不三不四，要聚焦在能講透的幾個重點！演練修調：可輕聲念讀，透過增刪使之流暢，避免上台緊張疏漏，美中不足。

上台前後：上台前，保持平常心、深呼吸，過目綱要，建立自信。開場問候，以經典句流行語如健康千萬條，睡眠第一條、道路千萬條，安全第一條等話語，或一個動作、一分鐘內說出重點，聚焦激起聽眾的熱情！主角是台下聽眾，要講對聽眾有利害關係或想聽的事，有時真的是見人說人話，見鬼說鬼話，如此一來他們才聽得懂！

演講分直接口述與準備投影片兩種，無屏幕時，可備小抄提列綱要或以圖像、故事記憶法幫助記憶。演講內容排列：1.問候；2.引述；3.故事或例證；4.結尾與互動；5.感謝與祝福，投影片則依演講內容排序，搭配豐富的表情與肢體、自然語調、抑揚頓挫、簡潔扼要、不全然照稿念。一張撲克臉會讓聽眾睡著。視覺震撼永遠大於聽覺，可結合跟議題有關的圖像或短片。善用數字魅力，如歐巴馬曾提到一個計畫，可創造出一萬個就業機會，且九成都在民間。

故事：多數人都喜歡聽有層次的故事，高峰到谷底，再攀高峰，真情自然。讀過四大名著《三國演義》、《西遊記》、《水滸傳》、《紅樓夢》，或讀聞過白雪公主、亞歷山大、成吉思汗、比爾蓋茲、王永慶、李嘉誠、阿里巴巴等經典的人，就能知道為何這些名著、經典之所以迷人的原因。許多童話故事、武俠與文藝小說、動漫畫、電影、電視劇等，明知是虛構編導的，但讀者與觀眾仍會為之瘋狂、入戲、著迷、幻想。鍛鍊一套說故事的本領，不一定要真，但要合理、生動高張力。

打破一層不變：跳脫傳統規律，不然台下觀眾又會說老套！改掉討厭的口頭禪：是的、是嗎？我覺得、我認為；少用否定句：這不對、你錯了。

厚實糧草：記憶是短暫的，紀錄才是長久的，有專業、有故事、有幽默、有勵志故事、笑話等多方儲備，登場時即可隨機支援出竅。

　　上台致詞：創意是點子，點子即是金子，蒐集各婚宴、祝壽、開幕等場合要用的稿，抓出精髓，再融入個人風格加以優化。登場前一週反覆練習，睡眠前後內心遊走幾遍很有效。初期表現不好沒關係再調整即可，久練成精。

　　多說多進步，當你蒐集、閱讀多了，上台經驗豐富了，它能強化內在組織與思考邏輯，你肚子會有無窮盡的墨水，當你腦海晃過標題時，你會不經意投射出屬於你的經典與傳奇！

　　李敖大師說：「最佳的演講者，是不用講稿的。」筆者看過他幾場演講，除了佐證資料，完全沒有講稿，可見大師功力及學識底子之深！

　　上台別再緊張了，沒什麼好怕的，卡內基演講公式：1.先講與主題相關的故事；2.提供聽眾具體有效的執行；3.展開行動後的好處。這三要點簡單清晰卻很實用。再如，卓別林舞台表演獲得最熱烈掌聲的是首次跌倒失誤的那次。

　　所以，不要怕丟臉與失誤，有機會就壯膽、挑戰自我，你可以的，記得，選我、選我、來吧、我無懼、亦不怕！

 老古說人生
不要怕丟臉與失誤，有機會就壯膽、挑戰自我，你可以的，記得，選我、選我、來吧！

11

公德與人品

　　公德心，是品格教育的一種禮節與善種；你我身上都有根植於心的修養，社會普及遵循的公共道德。人品即品行、正直、信用、善良、敦厚、寬容、誠實、謙遜。

常見缺德畫面

　　煙蒂：開車、騎車隨處丟彈，路旁、水溝蓋、公園花草樹旁到處淪陷。有棟高級商辦大樓剛落成啟用，吸引許多公司進駐，放風時各樓層的員工常在一樓花園旁結為煙友，吞雲吐霧後，多數人直接把煙蒂丟彈到美麗的新花圃，畫面真令人反感，而這些煙友的儀表，女的外表氣質端莊，男的西裝筆挺，更令人作噁。

　　檳榔汁：嚴重破壞市容。我曾遇過有位騎士隨地吐渣後，單手騎車，另手拿檳榔盒再倒數顆入口，再隨興吐汁，既噁心，又可惡。

　　方便當隨便：有位婦女在超商用完餐後留下垃圾走人，店員禮貌請她自行收拾，婦人竟發飆抓起店員頭髮狠甩巴掌數回，看了真是令人憤怒！在泳池、溫泉裡舒坦小解，那些人心態是沒人看見就好。

　　觀光區或活動場：為圖方便，垃圾隨處丟，破壞公物，古鎮、路樹、景點熱區，廁所門壁遭人塗鴉到此一遊。打卡亂象：有排長在坡

坎茂盛、稀有的植物，拍照背景就像是綠色的浪花。經網路 PO 文發酵，瞬間成熱搜打卡勝地，吸引大批朝聖者搶拍。但這片土地為私人所有，周邊種滿農作物，沒公德心的遊客把農民辛苦耕種正值採收的農作物踩踏毀損，且土質經踩踏會影響將來新作物的成長，農民是趕也趕不完，勸退一批又來一批，遊客則是打完卡快閃走人！

開業：某汽修廠開幕期間，常於夜間 11～12 時播放重音舞曲擾鄰，連敦親睦鄰都不會，生意如何暢旺。

綜合：店家違規擺放誇大危險的招牌，公共空間如市場、夜市有許多誇張的路霸，占用道路及擺攤。在室內、商辦公廁、樓梯間偷抽煙，文明的社會還是常見。廣告：候選人競選旗幟、看板，帶頭違規貼掛，嚴重影響市容、交通與用路人安全，許多房仲與代銷公司的宣傳品亦同！高空拋物、車亂停妨礙進出；酒駕上路置用路人於險境，既觸法也失德；各式插隊現象；任狗吠或家畜糞便亂排惡臭擾鄰。

此現象有時是種「破窗理論」或「從眾效應」，眾人如此，我也理直氣壯、有樣學樣，比較沒罪惡感；還有一種「自私心理」：自掃門前雪，不管他人瓦上霜，例：廚餘往水溝傾倒；燻烤、油炸攤位排放油煙的問題，任油汙四處飛散；還有許多工業廢水偷排，真夭壽。

重大影響

例 1：海洋是地球最大的垃圾墳場，它的垃圾總量是難以估計的數字，保守統計每年光塑膠類就有近九百萬噸丟入大海，占全球海洋垃圾量約 70～80%，因此形成許多垃圾島。另有大量廢棄漁網、膠罐袋繩等，因無法自然分解，為大量海洋生物帶來嚴重的浩劫，魚、龜、海鳥等誤把塑膠當食物吃下肚，導致無法消化或被繩網套纏變形等新

閒屢見不鮮！《國家地理頻道》有一期就說：海洋的垃圾量在未來十年可能增加十倍，另有研究提到，到2040年海洋中的塑膠垃圾會高達六億噸，這是極可怕的數字，而罪魁禍首就是欠同理心、失德的人類，你我可能也參了一角，所幸各國正積極研發有關海水降解的塑膠製品。

註：在海軍艦艇服役當菜鳥時，有回出海實習，就親眼看到班長將食用後的所有餐具、罐頭、垃圾很自然地往海裡丟，印象非常深刻，非常負面與反感！

例2：許多落後國家的河川猶如人間煉獄，充滿汙穢、惡臭。廠商、店家肆意傾倒污廢水，百姓衛生觀念也差，將大量家畜屍體、糞便、餿水及垃圾往河裡丟排。最令人擔憂的是，人民因缺乏水資源還拿來飲用、沐浴、洗衣。當局即是有心積極維護整頓，但因人力、物力、財力有限，且貪官橫行難有建樹。培養人民公德心的觀念，就自顯重要，尤是自幼家庭與學校的教育，天下無難事，只要有心定可逐步改善！

例3：品格瑕疵：一位留歐的學霸高材生出社會後，在當地找了幾個工作都未被錄取，深感挫折與納悶，在最後一個徵試時質問原因，面試官說：「依你的條件正是我們要找的人才，但因你過去在我國有五次貪小便宜逃票的紀錄，我們很重人品與誠信，所以無法錄取你，本國企業標準大都如此，」並補充：「道德可彌補智慧的缺陷，但智慧卻彌補不了道德的空白。」這位學霸才恍然大悟，原來自認是生活上的小事，卻成為自己工作的絆腳石！

例4：口德：新冠疫情高峰期間，有位天王主動免費辦了一場公益戶外線上演唱會，用心舞動唱跳、汗流浹背很是感動，但網路竟有人留負言，批評不好聽、刷存在感、過氣年紀大，既失德又缺品。

例5：還有很多……

　　一個人的行為代表風水和命運；成大事，非才華與能力，而是眼界與格局。無私為大，失德之人缺乏好品性，自私自利，無論如何努力都難成大器，因為他已把自己的好風水破壞。

　　性格寫在臉上，人品刻在心上；己所不欲勿施於人，不要把快樂建築在別人的痛苦上；勿以善小而自怠，勿以惡小而自暇。財富隨時會易主，但道德永存，你看許多宗教都會用類似天堂與地獄的觀念勸導大家多行善、多積德。

　　巴菲特曾評價人的四特徵，有善良、正直、聰明、能幹，如不具備前二項，那後二項將誤一生。立德雖難，但你我多一份心，地球就會得到滋養，更潔淨、健康與美好。一起付諸行動吧，這無須花錢，心存正觀積極影響周邊的人即成！

 老古說人生

　　道德可彌補智慧的缺陷，但智慧卻彌補不了道德的空白。

12

分享與協作

　　山不辭土，故能成其高；海不辭水，故能成其深。天下的糧，你獨享也吃不完；天下的好事，也非一人能獨占。人類演化的基因，經不斷淬煉、組合、變異、相互依存、探索未知、分享協作，進而達到互補加值的成效！

　　協作：十幾隻大黃蜂被獵人抓進箱子後，每隻都想用己針破孔自救，幾天過後黃蜂全都陣亡，發現許多孔洞都差點穿透破箱，如當初願合作早破孔而出。又例：小火棒放在蟻穴，蟻群會協作用蟻酸完成滅火動作。有卓越的夥伴合作，才能把蛋糕做大做美。

　　故事一：有個頗具規模的社團常要辦公益活動，每次活動前後都須動員會員當志工。多數志工總是半工半摸，有位小黃每次支援都會早到，等完全收工後才默默離開從不居功，這一晃就是5、6年，創會長古董每回參與都看在眼裡。

　　某日古董公司行政主管因個人因素離職，他的腦海直覺浮現小黃過去在社團的點滴，此人品格非常適合擔綱此任，於是力邀小黃到公司服務，小黃原是某工廠的倉管，經長考後決定接受挑戰。轉眼又過了數年，小黃工作態度一如過去當志工般認真投入，對於公司各項事務、各單位權責都主動了解與學習，人我互動相當融洽。

　　某日古董私下約見小黃說：「我已上年紀，因健康因素，打算卸

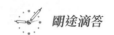

下董座位置，因膝下無子女，我一路看著你成長，不知有無福分認你當乾兒子，把事業交給你經營。」小黃在古董一再請託下扛起重擔，事業體經營得日新月盛、蓬勃興旺，創會長古董果然獨具慧眼。

　　故事二：某所大學的一年級新生大都住同棟宿舍，每房六人，阿宏這間也住了 6 位，有 5 個人是從鄉下來的窮學生，很快打成一片，福禍與共；室友阿賢家庭較富裕，總活在自己的世界，沉溺在科技與線上遊戲，不怎麼搭理人，問一句答半句的性格！

　　有回節日前，阿賢家寄了一盒 10 顆裝的上等大蘋果，阿宏等五人見狀，心想今晚餐後應該有蘋果可吃。但餐後阿賢從盒裡拿出一顆蘋果，到洗手台洗好回房自己就啃了起來，把他們完全當作空氣，阿宏等人從期待到失望。接連幾天阿賢總在晚餐後，把蘋果洗了自享嗑掉，最後 1、2 顆還因放太久變質丟掉。

　　事後阿宏他們常提起此事，說阿賢實在太自私了，10 顆蘋果同學一人分一顆，他自己也還能吃到新鮮的 5 顆，卻寧願把蘋果放到快壞掉，也不願意拿來與同學分享。雖然我們都買不起昂貴的水果，但假設他當時大方分享，日後我們如有橘子、芭樂、棗子等他不是也有一份，此人真是太自私、太現實了！

　　畢業後，阿宏等大學室友經過幾年的社會歷練，由於默契十足，合夥成立了一家網科公司，事業經營是日益月滋、昌盛騰飛；而阿賢家裡的事業，因無法與時俱進迎合客需，逐漸走下坡，最後倒閉關廠。家道中落的阿賢，再也不是每天玩樂、翹腿閒賦的少爺，必須外出謀生，於是找上阿宏他們，阿宏等人想起過往種種，總是四兩撥千金，表示因景氣不好、自身難保，把阿賢打發走，故事至此！

　　以上故事並非要表示付出一定會有回報，而是願意分享、付出、

感恩性格的人，可能就是自己將來遇貴人的因子。分享的反義是自私，只想取與貪，而不想捨，凡事以自我利益為出發，下場會很慘，人脈網也必定越走越窄！

社會的人情義理是你敬我三分，我還你七分！高品之人，人幫人互取養分；中品，人比人相妒忌；下品，人整人二敗傷。世界更新換代，有矛必有盾，有攻必有守。人的力量來自資源整合，一群人相互點亮、燃燒，運用全球的協作資源，去拼接成就自我。

過去常是個體在小圈子打轉；現代是大腦協作的社會，資源比你想像的豐富，你可以以極低的成本，創造出極高的價值。蓋房子只要找對連結窗口，團隊就可成行分工；吃牛排亦無須自己養牛。樂器一人獨奏單調，一群人合奏就可能成為石破天驚的交響樂。

世界高度連結、盤根錯節，資訊傳播變快、變透明，舊思維隨時都可能被顛覆取代，任何產業都難靠單打獨鬥闖出一片天地，要把人才資源捲入協作網裡，才能幹大事。各國因地理位置、自然條件、天然資源不同，常就發展經濟或民生需求，在信任前提下進行國際分工、各取所需。如閉國造車，不願施、不想捨，只會讓國力走向衰敗。

國家興盛、經濟繁榮的基礎是協作，打造多元競爭「贏」的環境，領導國家、經營品牌如此，經營個人更是如此！

老古說人生

山不辭土，故能成其高；海不辭水，故能成其深。天下的糧，你獨享也吃不完；天下的好事，也非一人能獨占。

13

心　流

心流（英語：Flow），一種神馳、進入沉靜時刻的狀態，將個人精氣神完全融入在某種活動狀態的感覺，當心流產生時，會高度的投入、興奮及充實感。

心流特徵

1. 自動運轉：做起事來順風順水，不需多加思考，身體就自動融入發揮應有的技能。

2. 時間流逝：覺得時間過得特別快，期待下回再戰，如，玩手遊電競之感。

3. 不覺他物：專注投入在情境中，不易感到飢餓或疲倦等刺激。

4. 感到愉悅：事情完成後，會有滿足、充實感等正向情緒。

投入或敷衍：接受與排斥的態度，對事情的結果會有天地之別！

優秀運動員：在鍛鍊時會集中精神、專注當下。正如王牌投手站上投手丘時，眼裡只有捕手給他的暗號，腦海只想著如何把球投得更精準，會把觀眾干擾淨空！

成功藝術家：在構思創作布局時，常會廢寢忘食、時，把精力與

靈魂融入創作。科學家常為突破解惑失敗再來一次、換個方式反覆求證，充滿追根究柢的使命感，進而提高研究成功之率。

追女友或熱戀時：會嘗試任何可能成功與滿足對方的方式。熱戀中腦海浮影都是對方，約會時會特別珍惜當下片刻、精細安排約會行程，暫別時總覺時間過得好快，難分難捨。

日常中：學生要培養興趣才會投入，哪怕是某科、某社團的涉獵，總要讓己學點東西。工作上，如未達心流狀態，常會產生抗性與負能，要把心態導正，把任務當作挑戰與磨練。

心流培養：1.健康的身心；2.積極樂觀的態度；3.專注的思維；4.充沛的體力；5.執著熟練的技能。

人我互動要融入團隊，勿做人前人後的雙面人、說三道四、論人長短或孤僻自處。當你被定型、否定或排斥，就會被邊緣化，總覺得到處都是刺與柱，自然就沒好心情，當你不快樂，就難有好的工作表現與生活質感！

人的慾望會產生結果的變量，「心流」的成功關鍵在「心態」，工作要像螞蟻般勤奮，心情要像蝴蝶般熱情，喜歡你所做，做你所喜歡，它是人生的助理，當「心流」湧現時就會融入生命。上課、工作或創作都是生活，人可老，心不能老，人生只一回，要為己掙點值得驕傲的精彩！

老古說人生

上課、工作或創作都是生活，人可老，心不能老，人生只一回，要為己掙點值得驕傲的精彩！

14

王牌行銷術

　　有間生產「摔不破日用品」器具的自營公司，除一般網路及媒體通路行銷外，最大績效來源就是傳統業務行銷締結。公司每月初都會舉辦一場高張力的「榮譽大會」，以表揚上月績優的業務，同時也刺激落後的業務力爭上游。每月的第一名還有資格上台領取至高榮譽的獎盃及發表感言，而且只有第一能上台，沒有第二。

　　令人不解的是，每月第一名與第二名的績效落差都相當大，且都是同一人，他就是小古。同僚私下聚會時，都會好奇討論小古，是如何行銷創造高績效的？他長得也非帥高型，夥伴常消遣他，小古如有同事愛就該分享經驗才對！

　　小古因市場及同儕競爭的現實多所保留，表面應付一下，幾年過去了，小古連續六年保持第一不敗的紀錄，就在行銷滿六週年的榮譽大會上，小古終於把他過去六年的行銷方式開誠布公地分享。

　　他說：「我們公司的產品是訴求『摔不破』，一般業務都是運用公司 DM、樣品，加上自以為的口才，試圖說服客戶認同買單。我的認知是多數陌生客戶對業務的印象都是：伶牙俐齒、口若懸河、保持一段距離為安，這種口述行銷的方式，多數客戶都會排斥或半信半疑。

　　而我選擇不同的行銷方式，首先，我會設法大量接觸客群，與客戶面對面時，我會在客戶質疑產品或最佳時機點，把自家產品當著客

戶的面摔給他看，客戶親眼看到產品真的摔不破，自然就取信了，多數客戶都會因『眼見為憑』而購買！所以，我的第一名成績就是這樣摔出來的，我稱之為『視覺大於聽覺』！」

此語一出，台下所有業務頓時如被重棒敲醒，恨不得馬上當客戶的面測試摔功。次日起，這家公司所有業務都改變策略，運用小古分享的行銷模式，每人績效至少都以倍數翻漲，把公司產品營銷推向歷史高峰。

但說也奇怪，接下來每月公司表揚大會，小古還是穩坐第一，績效落差一樣非常大。大夥私底下也不斷追根究柢地探詢，小古這回又是如何創造高效的？為何我們已複製他的行銷策略，績效仍是落差甚遠？小古和過去一樣敷衍帶過。

又隔八年，連續保持 14 年第一名的小古，再次在舞台上發表感言，他說：「我的銷售思維與條理是，對愛慕虛榮的客戶多誇獎、自命清高的多請教、貪小便宜的多贈禮、猶豫不決的幫做主；生客銷禮、熟客賣熱情、貴客售尊、凡客談實惠；急客展效率、慢客銷耐心、時髦售時尚、挑客賣細節。

各位夥伴，八年前我在舞台上分享了我個人的行銷方式，隔天夥伴們都依此模式行銷，績效都明顯蒸上，恭喜各位！其實到隔天，我決定轉換行銷策略，以前是我拿自家的產品摔給客戶看，我換位思考，在接觸客戶的適當時機中，我會把產品交給客戶自己摔。從原本的視覺轉換成客戶『親自體驗』。請問，哪種行銷方式會更有效？答案肯定是『體驗＞視覺』，我已測試了八年，結論就是非常成功！

今天我將為理想朝另階續航，同事有緣，我願以此經驗分享，作為送給大家的賀禮，感謝公司與夥伴，祝福大家！」

發想：任何事好還可追求更好，可嘗試各種不同的思維模式，「視

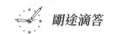

覺永遠大於聽覺，體驗更甚視覺」，非常棒的啟發！

延伸案例

喬吉拉德，是全球最偉大的銷售員之一，他是金氏世界紀錄單日、單月、單年、銷售總數最多的汽車銷售紀錄保持者，他曾來台演講至少二次，本人有幸參與其一，他傲人的紀錄有：

- 在 15 年的業務生涯共銷售 13001 部汽車。
- 1973 年單年共銷售 1425 部汽車。
- 單月最高銷售 174 部汽車。
- 單日最高銷售 18 部汽車。
- 連續 12 年日均銷售 6 部汽車。

二五〇定律：喬吉拉德說每個客戶背後都代表著 250 個人，他是根據一些印刷廠、婚喪喜慶邀請卡，長期下單統計所得出的數據。一般婚宴平均邀約 250 位親友與賓客。想想我們從小到大，基本緣故包含家人、親友、鄰居、同學、同事、同袍、同宗、社團等人脈網，較熟識的大多會超過 250 這個數字。

概念：每個客戶都代表 250 個人，你把客戶服務好，將來客戶的親友有相同的需求，就會引薦給你。舉例：「小陳你的車是跟誰買的」、「我跟○○公司業務小古買的」、「那他服務如何？」、「非常稱職，包君滿意」，小古經小陳推薦的客戶稱「緣故法」，此法締結率遠高於一般陌生客 90%以上，因為它代表信任、安全、安心與服務品質。相對地當小陳說：「小古服務爛透了，千萬別找他」，他同時就可能失去 250 個機會，這個精髓概念就是要把每位客戶經營好，

尤其是大客及好客戶。

再生客：喬吉拉德在業務銷售生涯約有 80% 來自親友、客戶轉介的再生客，許多業務常忽略老客戶或延生客的潛在力量，把重心一直花在新客源的開發與經營，只會累垮自己。

名片、賀卡行銷：喬吉拉德在當時通訊不發達的年代，業務生涯花在年節賀卡、信函、文書等費用，支出就高達約 80 萬美金。他說：「有些業務一年才用 500 張名片，我光一週就用掉 500 張。我每月要寄出 1.6 萬張名片或卡片，無論有無買車需求，只要有機會接觸，我都會積極發名片讓他們記得我，即使之前已發過。」

每個業務都有拓展客群商機的法寶，名片、賀卡是其中之一，當然現在互動多以社群媒體為大宗，當善用之。他的名片格言寫著：「通往成功的天梯常會故障，你想成功，就必須一個階梯、一個階梯往上攀爬」，我當時也搶了幾張。

再例：一切都有可能，2001 年有位喬治‧赫伯特寫信給美國總統布希，把觀察布希家農場的現況做個簡報：「總統，您的農場正需要一把好的斧頭……」布希被他的觀察細微及熱情感動，因而向他購買斧頭，布魯金斯學會還把刻有「最偉大推銷員」的一隻金靴子贈給了喬治。未來肉業者因訴求環保、健康，而獲得比爾蓋茲等大咖投資。

早期美國人，對人壽保險毫無興趣，保險公司於是動腦，以天主教神父做行銷，以「保險是履行對上帝與家人負責的表現」為訴求，因而深植人心。還有一例，國內保險剛萌芽時，有位保險員常到各電影院服務處說要找○○保險公司○○人（他自己），電腦螢幕就會秀出○○保險專員外找，為自己免費打廣告增加知名度。

某房仲代銷遇到來店女客戶，得知當天是顧客的生日，私下訂了

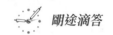

一大束花，祝她生日快樂、青春永駐，此舉感動這位大姊，不但自己買了一戶，還介紹許多親友跟他訂房。

生意賺錢的前提是，必先賺取人心，每個消費者都希望被公平或特殊優待，許多高奢品的業務高手，會做到超越交易關係的好感、信任與魅力行銷。

老古說人生
通往成功的天梯常會故障，你想成功，就必須一個階梯、一個階梯往上攀爬。

15

出生與壽終

　　我們常濃縮歷史，回顧人物生平或事件，以簡介、一冊、一篇、一本書、一部電影、電視劇縮看歷史，把一個朝代、一場戰役、一個事件、一位人物，用幾天、幾小時、幾分鐘或幾句話品嘗帶過，顯得極其不值與渺小。

　　我們從大自然而來，最終也回歸大自然；來時一絲不掛，走時像一縷輕煙。生命的旅程，是一次次的歸零，每個人出生均從「零」為始，經各旅站的洗禮，當壽終時指針會再度回到原點，你的全部也將落入忘川。所遺留的豐功偉業、名器與作品，不過是後人偶爾勾起的回憶！人留好名、精神價值，永傳後世，再多的財富、豪宅、古董、智慧、草木、磚瓦等都帶不走。重點是你的「人生曲線」，如是正數，必將充實、成就、公益；如為負數，則虛晃、失德、敗壞。

　　回到母體，我們落地出生的剎那，通常只會做二件事，「呼吸」與「哭」，其他都一概不知。

　　回想，你成長過程為何會分辨父母、男女、學會走路、表達、識字、會打電腦、騎車、開車、人我互動、專長技能，除人類進化本能，大部分都是自學來的。所以，當你人生想跨越不同領域時，千萬別給自己設太多障礙，因為你從小到大，幾乎所有事物都是由學而來。

　　例一：很多朝九晚五傳產的上班族，想轉戰服務業、挑戰業務或

創業，卻總會猶豫不決、七上八下無法下定決心，因為對未來新的挑戰充滿恐懼、自信不足，最終會找一堆不適任的理由與藉口回到原點，繼續過著平淡無味的生活。

但有些人會選擇勇敢挑戰、不畏艱難、迎難而上，因為他相信「任何事都可由學所獲，別人可，我為何不行」，進而締造出彩虹、璀璨輝煌的史記。

例二：許多家長因小孩志願選校，必須離家在外食宿，總會擔心這、操煩那，因過去生活瑣事均由父母打點居多，擔憂日後子女外宿事事都要自理，是否賴床、吃穿、人際相處、居住與交通安全等。其實，以上苦惱大多是多餘，這些過程都是人生成長的路徑，如果成天把小孩宅在家裡當孝子呵護，最終會養出一堆「媽寶」、「靠爸族」。

呼籲父母們該適當放手就放手，讓子女學習磕磕碰碰、獨立與決策，不要成為小孩人生競爭路上最大的絆腳石，做得太滿、過度干預，小孩的福報會流失殆盡！你看許多物種育養後代，當扶養義務盡了，時間到了就得放牠們獨立！如果心有不捨，後代將來就會失去競爭力，不是被其他動物掠殺就是等著餓死。

有對老夫妻有個兒子，兒長大婚後也只生個獨孫，小孩成長過程二代人是當寶疼入心。小孩不愛念書，高中畢業即進入社會，工作凡是稍苦、稍遠、油煙會傷身的，家人都建議找更理想的，深怕他吃苦，斷續服務了幾間公司，由於個性被動自私、孤僻、與人難以融合，常受到排擠，最後乾脆不工作宅在家裡數年。才不到30歲就說以後要給政府養，人生路漫長要如何續走。父母及阿公、阿嬤疼過頭了，現在渴望他能走出門、接觸人都屬奇蹟，晚矣。

生命的起終點無法選擇，世上最公平與最不公平的都是生死。生活就像一張心電圖，一帆風順會太無趣，只顧妝點自己，不如專注充

實，活得精彩體面！任何合理的事都可由學而獲，人生道路上要勇敢造夢，歲月時鐘不斷滴答前行，永不會回頭等你、看你，不會包容你讓你重來一次。

　　看完此篇，時間又多走了幾分鐘，要努力勤耕、盡情揮灑，讓人生這個圓充滿更多奇蹟！

老古說人生

人生道路上要勇敢造夢，歲月時鐘不斷滴答前行，永不會回頭等你、看你，不會包容你讓你重來一次。

16

交　棒

　　有間食品加工廠的老闆叫老古，因年事已高準備退休，想把事業「交棒」給小孩，因此把兒子小古找來測試。

　　老古：「兒子啊，你知道我們工廠每銷售一斤花生，能賺多少錢嗎？」

　　小古：「報告老爹，我知道，每斤花生可以賺 20 元。」

　　老古：「很好，那你知道，我們每賣一斤芝麻又能賺多少錢？」

　　小古：「我也知道，每賣一斤芝麻能賺 25 元。」

　　老古：「那爹再考考你，我們同時各賣一斤花生與芝麻能賺多少錢？」

　　小古：「那簡單啊，二項加總能賺 45 元。」

　　老古：「兒子啊，數字是沒有錯，但做生意如果這麼簡單，那我找個工讀生就可勝任了！」

　　老古再問：「如果把花生、芝麻加些麥芽、佐料等，製作成各樣式的花生糖，兒子，那我們所銷售的，各一斤花生與芝麻獲利還是一樣嗎？」

　　小古：「對喔，獲利會大幅增加。」

　　老古：「正是如此。自古以來市場上很多產品，都是經過巧思創意、融合變化創造價值，價格就會產生差異。我們把料材混搭製成花

生糖，每斤花生與芝麻就能多賺上百元，兒子啊，生意之道在人、在心、在創意、在態度，你懂嗎！」

小古：「感謝老爹，一席話打通任督二脈，讓兒領悟到生意商學其中竅門，啟發不少、受益匪淺！」

老古：「兒子啊，做生意還有很多學問呢，未來要多用心學習喔。」

連結

水和麵粉原本並無相互關係，水是水，麵粉是麵粉，但經過混搭加些佐料相融，就變成各樣式香味撲鼻的麵包與美味糕點。

水、沙子、水泥、鋼筋，本來各自分開也是很廉價的商品，但把它們混在一起就變成鋼筋混泥土，一棟棟樓房就此拔地而起。坐落於好地段的標的，每坪還以百萬起跳，且堅固耐用可使用數十到百年，你說融合重不重要。

很多成功經典有時就差一、兩步，創意巧思、融合變異、與時俱進，掌握或創造消費需求脈絡，是相當重要的商學。

「人脈」亦同，不同技能的人互通結合，也可能開創出許多色彩的火花，例：馬雲與阿里巴巴第一代合夥人，嗅到未來電子商務趨勢商機，共同創立淘寶網的經典。

老古說人生

很多成功經典有時就差一、兩步，創意巧思、融合變異、與時俱進，掌握或創造消費需求脈絡，是相當重要的商學。

17

成功與失敗

　　某報導，有位富豪上午四點起床運動，早餐後五點多搭私人飛機，跨越 6000 多公里，他一天出現在二個國家、五個城市，晚上八點又回辦公室開會討論成果。看到報導的許多市井小民留言：「都已經這麼富有了，工作投入竟是我的 N 倍，他還需要這麼辛苦嗎？」

　　這就是成功者與失敗者的態度差異！許多成功者的基因，是長期生活點滴積累的好習慣，即使事業有成也不忘初衷，每日勤耕播種與撒網。

　　大多數的人是以日安排行程，全球許多頂尖人物都很重視「時間顆粒度」，日程均以小時或分鐘來運用，絕不浪費碎片時間，當所有零碎合成一體時，就能成就許多不凡的大事。許多大咖預約時間超時通常不久候，不是他們高傲，而是他們高度重視時效，這邊延誤的話，後面的行程也會一併被耽擱。時間寶貴，3～5 分鐘可安排簡短的激勵演說、開小組會議或簽一筆重要的合約！致富要素：1.天賜：如中東產石油；2.掠奪；3.勞動：你我都有的機會選項。

　　砲彈原理：課堂上老師拿起杯子裝滿碎石，問學生：「請問容器裝滿了嗎？」學生答：「裝滿了！」老師說：「還沒。」再把一些砂粒倒入碎石的隙縫，再問學生：「容器滿了嗎？」學生：「真的滿了。」老師說：「還沒。」再把一些水倒入杯子溶於石與砂。如果容

器代表人生，砂石與水是時間，等於為自己的人生，爭取到更多寶貴的時間。

成功絕非偶發的全壘打，而是靠每場密集的安打，每個人都有自己的碎片及顆度時間，不妨惜時再進化，切勿敷衍自己、被手機綁架、發呆作夢、超限玩樂，養成行事曆排程的習慣，衝刺期如有縫隙就裝填補滿，以降低時間黑洞，凡可自控的，肯定可以再細緻豐富些。

別人給你的，只是能量；你能依靠的，是自己的力量！當你一開口就講困難，成長已遠離你；當你一付出就想回報，機會已遠離你；當你一做事就想個人利益，收穫已遠離你；當你一有起色就想談條件，未來已遠離你；當你一合作就想如何不吃虧，事業夥伴已遠離你！人生旅程要堅持以正道、實心任事！

成敗差異

成敗現實：選戰贏了，是十年磨一劍；敗選，如落水狗被冷落。

成功者適應環境；失敗者被空間侷限綑綁。

成功者找方法與良器；失敗者找理由與藉口。

成功者每天讓目標接近些；失敗者目標空洞或沒目標。

成功者勇於面對挑戰與困難；失敗者懼怕挑戰與逃避問題。

成功者遠離舒適圈；失敗者不吃眼前虧。

成功者善用時間；失敗者揮霍時間。

成功者學無止盡、力爭上游；失敗者方向失焦或無感。

成功者複製與進化成功；失敗者忌妒與仇視成功。

成功者做事精準高效；失敗者一成不變、不知變通。

成功者嘗試突破與改變；失敗者糜爛沉醉於現有框架。

成功者積極、樂觀、正面；失敗者消極、悲觀、負面。

成功者努力堆疊經驗；失敗者態度輕浮與隨便。

成功者決事快速果斷；失敗者萬事猶豫不決。

心正氣勝，心開運通。成功者把態度、想法，轉成做法，天天磨、反覆做也不厭煩！努力、堅持、渴望，我想、我做、我成功，以聰智透過人事物資源助己生財，例：保險業老闆自己不賣保險，讓員工幫他賣，結果他賺最多；馬雲則靠動腦、動口、運用人脈成為千億富豪。

失敗者，我知道，不是不會而是不想、不積極、不持續。想是問題，做是答案，輸在猶豫，贏在行動。沒本事，老換工作；不會游泳老換泳池都是死局。勿把失敗合理化，你看獅子掠殺失敗後，牠只想著下回一定要成功！

人動活、樹動死，多勞多得，草原上獅子或羚羊等物種，都具備避險與生存的本事，否則隨時都可能丟了性命，必然運氣，來自點滴的行動。富人與窮人最大的關鍵就在不同思維與態度，人有了需求就會有想法與創意。

成功非終點，失敗也非句點！不要把自尊、面子看太重，許多登頂之人都是歷經荒漠、無數的失敗才登峰！珍珠採收成功比例只有約3%成珠；行銷概率亦同，很多人遇阻受創就半途而廢。當成功未到，先做個勤奮有價值的人。

曾國藩家訓：「天下事，未有不由艱苦中得來」，有成就的事必有其艱難，須高瞻遠矚、深謀遠慮，苦得起、磨得動！卡內基說：「先跟成功的人工作，再跟成功的人合作，最後讓成功的人為你工作。」

勤奮非時間的總量，而是種質量、態度與堅定！奧運冠軍得主，絕非比賽當天決定，而是訓練過程所決，訓練厲害，比賽才厲害！掌

握優勢即是贏家，賽馬先壓線者獨贏，冠軍跟亞軍只差一點，但報酬與名氣卻天差地遠。等待與休息永遠不能讓你到達終點，不是論成功，要以行動成功！

「成功」與出生、年齡、長相、男女、學歷、高矮胖瘦都無直接關係，馬雲即是經典案例。心態決定生態，心中無敵，無敵於天下；責任心有多大，舞台就有多大，你若精彩，鳳凰自來。

安於現狀難以突破與提升！人一生的潛能，平均發揮不到5%，你我都還有很大的延展空間。成功不屬先出發的，而是最後倒下的，要堅定相信可以更好、落實夢想，當創造出高效競爭的本事與價值，你必有騰飛輝煌之日！

老古說人生

成功非終點，失敗也非句點！當成功未到，先做個勤奮有價值的人。

18

百歲人生

我們常在生日宴會、群組、平台上，祝福壽星福如東海、壽比南山、松柏常青、勇健吃百二，不久的未來可能成真也。

千百年前古人均壽：夏商 18 歲、秦漢 20 歲、東漢 22 歲、唐朝 27 歲、宋代 30 歲、明清 30～33 歲；中國歷代皇帝均壽也只有 39 歲，故有「人生七十古來稀」稀有之高壽。連九五至尊的秦始皇都割捨不下對延壽的渴望與煉丹的迷信，從古至今人類都不斷研發長生不老或延緩老化的幻想，家財萬貫或社會顯達者尤是。

當然，過去均壽低部分始因於夭折、戰亂、鬥爭、天災、瘟疫，如1918年流感造成近億人死亡，以及鼠疫、天花等因醫療不發達而亡。

而今日醫療科技不斷躍進，少有戰事，在科技與和平的發展下，未來共享資源的地球村，肯定會逐步提高人類的均壽。

近幾年網路、書籍、講座、報媒、醫界等，常針對未來人類延壽的議題探討與發表，尤是這代 50 歲以下的人，正常保健下，未來活到百歲可能將成為自然常態，加拿大醫學專家預測，未來 50 年內人類均壽可能延長至 150 歲，多項人類基因研究成果已使科學家相信，目標達成的時間有望大幅縮短。史丹福大學的研究更發現，近年來科學家研發的新藥，平均每五年可讓人類的壽命延長一年。如果幹細胞技術應用延緩老化獲得突破，人類的壽命更可望大幅延長。

馬雲（2016）：在今後的 30～40 年裡，人類將揭開身體的奧秘，攻克癌症，活得更長。甚至可能在 200 年後，全球立法將禁止壽命超過 200 歲，禁止人類活太久，真不可思議。就跟智慧型手機出現前，說未來手機可用來即時傳輸相片、下載及視訊，鬼才相信。

目前全球人均壽命約 72 歲、台灣均壽約 80.2 歲（2020），未來充滿想像。如果人類均壽來到 100～120 歲時，那我們很多生涯規劃都要未雨綢繆，政府政策如社會福利、勞退金、長照年金，以及個人保險、社交周長等，都將產生重大的變化。

因應百歲長壽：50～60 歲換跑道，學新手藝、新技能、到事業第N春；工作延退至 70～75 歲、保險延長給付、70～80 歲再婚、90 歲創業、95 歲參選總統等。

如真要提早退休，就要在此工作階段加倍努力，存夠退休樂活老本，保有月均約 3～5 萬台幣的消費力／人（現有物價概念），不然退休後幾十年的生活與休閒，如養老、養生、醫療、居所、三餐、社交、棄養等問題，都會造成自己或社會嚴重延老負擔的壓力。

假設你 70 歲退休，活到 100 歲，在住所無慮、保險醫療、緊急預備金約 500 萬台幣均已規劃完備下，餘命 30 年的日常生活相關開銷，需要每年 50 萬開支×30 年＝ 1500 萬（低標活用金）。

《百歲人生》（*The 100-Year Life*）作者之一的安德魯·思科特（Andrew Scott）提到，過去人生的三階段分別是上學、工作、退休，未來人類壽命延長，將進化成多段式人生。畢業到工作，辭掉工作再上課；充電休息幾年再復出工作，甚至重婚多次。多段式人生帶來財務規劃的新挑戰，即當糧倉吃緊，該如何豐足與圓滿。

山珍海味、榮華富貴，沒有健康這些都是「空與虛」，別讓健康比你早退休，保有身心健康才可懷有無限的夢想；失去健康僅有一個

夢想——康健。健康四訣：每天要律動、飲食需節控、日日有目標、生活不孤寂。

　　未來也可能研發出，降低睡眠時數改變基因的藥品，日眠3～4小時即可，代表你要有更多的生活休閒規劃來填滿。

　　隨著世界醫療科技進步、全球對環保、食安的重視，均壽延長不遠矣。現代親情由濃轉淡，小孩非你的未來，「老」才是，要有自度難關的心理準備。久病癱床無孝子，養兒防老不可靠，除非你是金銀島主。退休生活早晚要面對，有志不在年高，無志空活百歲。當你沒有規劃、目標、糧草、老友、節目，你會覺得天黑得特別慢、亮得特別快，只剩灰色。

　　在少子及老年化下，還要鍛鍊特殊技能，忍受與孤獨、空蕩共處，它會經常報到，轉個念，孤獨也代表自由，因為你再也不用做表面、阿諛獻媚、沒結果的討論、虛假、裝笑，可自在瀟灑與自己對話。

　　年老最怕不健康、不夠錢、沒老伴、沒老友、沒事幹，當前就要把人生馬拉松的戰線拉長，做足人生下半場延長賽的生涯規劃。不只是為續命，更要為活得體面、健康開心而努力，以避免在超高齡社會裡，自己成為悲慘「下流老人」的主角，給子女當皮球踢，或靠政府、社會救濟！

　　有人問，受家人冷落與疾病、病床共處，無自主能力的老者如何善終？多數答案都是希望能趕快解脫，你看許多國家都出現老人自我了斷的事件，且數據有提升之現象，希望你我都不是，趁還有能力時豐富內容。聯合國表示，未來全球60歲的老人將以每年3%的成長率攀升，我國預估2060年也會成長到近40%，平均10個人有4個老人，光用想就很可怕！

19

自我介紹

　　舉凡入學、工作面試、加入社團、到新環境或參與活動，免不了會遇上自我介紹。絕大多數人都會以傳統地介紹自己的姓名、住哪、幾歲、家庭、學校、科系、經歷、專長、興趣、婚姻狀態等。

　　你想，如同班新生 30 多人都以此自述方式，聽來就像制式課業，既呆板又無趣，結束後對彼此好像都沒特別印象，也懶得聽記，大多只會記得誰帥、誰正點。

　　一個好的自我介紹，能在最短的時間把自己的特色點出來，讓聽者對你的爆點特有印象，當看到你或名字時腦海就有畫面。例：我姓葉名日順，當你想到「日夜都順利」就會想到我；我是「靠嘴吃飯的登山小子」，我從事不動產業務、興趣是爬山……再如：簡潔到位：預防病毒要勤洗手，就如你吃完手扒雞，把手洗淨一樣。

　　陌生拜訪：第一時間要讓客戶認識你、認同你、留下好印象。傳統方式，介紹「我是哪家公司？我是誰？到訪目的？」就此，客戶只會感到討厭的推銷員又來了！探索有無更特殊的方式？讓聽你介紹的團體或客戶卸下心防，對你產生信任與好感度，並發自內心好奇想探索下去。

　　想想，如果你是專銷陰宅（納骨塔）的業務，行銷時，如一開場就談生死，問客戶喜歡哪種產品？屬意土葬骨甕塔，還是火葬的骨灰

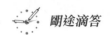

塔？保證馬上被客戶轟出門或挨揍，因為多數人都怕不吉利。

　　解法之一，以某機構對喪葬觀念的問卷調查當切入點，創造互動機會，讓客戶卸下戒心，讓有意填寫的客戶強化印象與觀念。在互動時逐步帶入主題，比如投資轉賣或自用新觀，「陰宅」投報率勝過「陽宅」、後事先行規劃是未來趨勢，登仙後誰不想住好些……

　　引起客戶的好奇心後，視情況拿出傳統陰森恐怖塔位與銷案豪華氣派的照片或影片，用視覺對比進一步說服，投資或規劃二相宜，生死不忌諱誰都無法避免，當客戶不排斥、會發問時，機會就來了！

第一印象：接觸場合

1. 儀態：「靈魂飽滿」，所謂佛要金裝，人要衣裝，邋裡邋遢一副窮酸樣，只會人見人厭！
2. 肢體：雙手遞名片，笑容真誠。
3. 眼神：誠懇注視對方，不要游移。
4. 開場白：讓對方放鬆，不要一開口就談產品與價格。

　　啟發：從陌生到認同，首要留下好印象，不要只顧美化自己或公司產品，應先站在傾聽者的思維網絡與之融合，初回過招沒有固定式，要看場合、對象與目的。

面試

1. 履歷相片：以端莊沉穩大頭照為主，忌以自以為帥美的生活照充當。
2. 第一印象：遲到、剛睡醒、無精打采、穿短褲、七分褲、染髮

過豔、刺青外顯、指甲、鞋子髒穢等，一副無所謂的態樣，那肯定失格扣分。

3. 一分鐘內沒讓面試官留下好印象或感興趣，成功率就減半了。

4. 應答：話多如自吹自擂、膨風、吹牛，話少只以嗯、喔回覆，甚或故意講一些讓人摸不著頭緒的專業術語，都會扣分。

5. 有備而來：認真做筆記、提問題。

6. 不批判前東家或長官，「比較下我更嚮往貴公司，希望有學習的機會」這麼說更加分。

7. 文不對題：講一堆廢話，答非所問。

8. 我或語助連篇：滿口「厚、是的」，例：我的興趣是唱歌厚、我之前厚……

9. 適當提問：代表重視與積極。

自述參酌

1. 自爆缺點：我是一位生活無趣、頭腦簡單、四肢發達的人。馬雲也曾自嘲：「我數學很差、不懂管理……」

2. 自問自答：「家訓」是以誠待人，處事圓融；「工作」座右銘是適應變化，敬業樂群。

3. 朋友點評：不計較、好相處，其實 I don't know。

4. 團隊觀點：融合很重要，虛心求教、用心學習，別問團隊給你什麼，要先問自己能給團隊什麼！

5. 人生格言：ISO 精神「說寫作」一致性。

6. 加分：我配合度高、會用心學習、很認同貴公司品牌，今日有緣互動，無論有無錄取，都非常感謝。

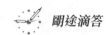

綜合觀點

例 1：面試官主要聚焦在面試者的儀表、談吐及對公司貢獻等，如你把重心放在描述自己的興趣上，自難加分。

例 2：轉學場合：「我們家人都很認同本校的校風與聲譽，效法孟母三遷，很幸運……」

例 3：組織團體：「所謂志同道合，很高興能與各位前輩結緣！」

例 4：行銷：「老闆，交易不成情意在，一切隨緣，非常感謝你，讓年輕人有學習成長的機會！」

例 5：社團：感受你的親和力，「我非常熱愛爬山及攝影，因為自然萬象就如一幅千變萬化的藝品，春夏秋冬每刻都有不同的意境。辦活動時我可充當本社的攝影師。」

例 6：主題活動：開場聚焦引力，收尾意猶未盡。

……

自我介紹，就是銷售自己，有機會自述表達時，以流暢的邏輯，鋪陳布局、創造好感、不厭、聚焦！

老古說人生

自我介紹，就是銷售自己，創造好感、不厭、聚焦！

20

自我激勵

　　一個人的底蘊，內含何種基底非常重要，許多人因幾回的打擊、挫折、失敗或不如意、不順心，就灰心喪志、自亂陣腳、藉酒消愁、全身載滿負能量，一副頹廢窩囊之相！要偷懶、逃避很容易，自己點頭即可兌現，自己都瞧不起，誰又瞧得起你。

　　怨嘆生活艱苦的同時，別忘了，你的出世是因為游泳拿到冠軍，萌芽之初你就是如龍如鳳的高手！

常見畫面

1. 失戀：好像世界末日與世隔絕，全世界的人都得罪他似的。
2. 工作瓶頸：找家人、小孩發洩出氣，在外卻是低聲下氣，不敢吭聲，如小孬鼠般。
3. 經商失敗：從此一蹶不振，對未來感到迷茫，任何事不再積極投入。
4. 親友離世：喪失人生奮鬥的目標，憂躁、看淡人生。

　　失志最有效的解藥非來自他人，而是「自我激勵」，做事無需人人理解，只要盡心力；做人無需人人喜歡，只要踏實坦然。只有自己

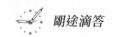

對人生還有信心，才會樂觀豁達、放手一搏，從逆境中蛻變與成長，續杯人生！

想想自然界的萬物，有時你連動物都不如。老鷹，不用掌聲也一樣翱翔於天際；小草，沒人疼惜也穩健成長茁壯；深山的野花，少人欣賞也如常綻放艷麗登場；人煙稀少的幽谷，野百合也有春天的！植物落地，一輩子就固定無法自主移動，它仍堅韌地靠風、雨水、河流移動播種，或以自身香氣引動物吃吐傳播繁衍，人類已是萬物之靈還有何好怨嘆的。

「信心」來自面對人生健康的態度，兵來將擋，水來土掩，養成自我激勵的好習慣！一個人的能力本就有限，有時人算不如天算，當事已盡力只要無愧於心，就順應自然，無需承擔無形的壓力，凡不順遂的事，在勤奮進取下總會熬過去！

處事態度思維

1. 制定計畫並詳細規劃：假設你下個月連假，計劃全家到花東三日自由行，事前你總要有行程規劃，交通動線與景點的流暢接合，停留時間、住宿地點、哪些當地特色小吃等安排，事先規劃地越詳細，行程就會越順暢豐富！

   曾經跟朋友到中部山裡投宿，到了農場因沒有事先訂房，房宿均已客滿，連填飽肚子的地方也沒有，只好敗興而歸。另回朋友邀約到拉拉山賞櫻，車開到途中沒油熄火造成嚴重塞車，只能乾等拖吊補給，忍受路人異樣眼光，興致盡失，且沒洗手間苦了女性友人，全因粗心未檢視所致。

   以上當事者心情可想而知，所以，有任何目標時，一定要做足

準備與規劃，以降低意外的發生，有好心情萬事才會順！

2. 健康態度：危機即轉機，阿里巴巴主席馬雲去報考警校，到了面試階段，5 人中只有他沒有被錄取；去應徵速食店員工，24 人錄取只有他被打槍！如果當初他因某項順利錄取，今日可能就沒有阿里巴巴、淘寶網的誕生，他可能是為你送上餐點、咖啡的服務員或開你一張違停罰單的警察。

籃球之神喬丹曾被高中籃球隊刷掉，後竟能二度率領公牛隊，拿下二次三連冠 NBA 的總冠軍。他說：「我打球就是想贏，無論是練習還是正式比賽，我絕不讓任何事擋在我和我的競爭熱情間。」

1997 年總決賽第五場可謂超級經典，喬丹因賽前急性腸胃炎，發燒、腹瀉、嘔吐、脫水幾乎無法站立（另說流感）。仍帶病上場打了 44 分鐘，拿下 38 分，在終場前 25 秒命中一記致勝的三分球，幫助公牛以 90 比 88 獲勝！

賽後他說：「我沒吃東西、沒力氣、沒睡覺、什麼都沒，我不知道我是如何度過的，我根本失去了意識完全憑本能打球。」就是這種決心與毅力，催出史上最有價值之一的運動員及品牌。所以，不要被一些碎石的小事阻攔你的進程！失敗、挫折不可怕，人生只走一回，要勇敢造夢。

3. 歷練是通往成功的台階：錯誤、失敗是最佳助攻，如果一生都平順，就如風平浪靜的海洋，你將無法欣賞到波濤激起壯觀的浪花，可能遇阻一回就被擊倒。

4. 精雕細琢：為何市場拍賣的骨董藝品如此昂貴，一件瓷器或一幅畫有人願意花幾億買單，除古老稀有外，就是物件本身，它的誕生肯定是主人精工細筆、用心雕琢而成。如瑞士手錶的價

值，正是「巧奪精工」。

5. 驅動引擎：為給家人過更好的生活、讓周邊的人以你為榮，企圖越強烈，你就越會鞭策、驅動自己，它是奮發向上的力量，你的引擎多久沒啟動了！

6. 正面迎戰：保有一顆上進的心，打敗你的首因非你的敵人與環境，而是自己！

7. 人生進階從「固化」到「成長思維」，設定可行目標、堅定執行目標、導正到完成目標！

8. 不攀比，才能自由翱翔：永遠都有比你勤奮、富有的人，也會有比你跌宕、怠惰的人。別人再好也是別人的事，自己再爛，也是獨一無二，重點要讓自己每天進步成長，積沙成塔。許多人在台前看似出色光鮮，有些只是表象，只有內在有厚度才能耐風寒。

9. 意念：老子今天起床就是要有收穫。

10. 關注法：假設你在健身，旁邊有幾位美女在欣賞關注，你會特別起勁；但如沒有，你可能一下偷懶，一下滑手機。所以，衝刺時內心要設個關注角色。

許多冒險都是未知，人生沒有早知道，只有走過才知道，如許多創業者，初期也無法預知會躍向國際品牌，成就規模千億身價的帝國。成功光環被無限放大背後的現實是，更多的開創者被淘汰、破產、痛苦與絕望。所以，努力而失敗正常也，千萬別洩氣！

宇宙浩瀚，現在不滿意，代表過去不夠努力，你希望、期待、想要什麼，其實都不重要，只有你做了什麼才算數。萬物豐收始於勤，勤勞樸實是根本，勤能補拙、補運、感動天、豐滿園！

任何事都由一個決心與一顆種子而起，要有志、有識、有恆，發揮老鷹的精神、豹的動力。馬雲：青蛙和癩蝦蟆有什麼區別？青蛙思想封建，只知坐井觀天，屬負能量；癩蝦蟆思想前衛，因為想吃天鵝肉，有遠大抱負，是正能量，最後青蛙被端上桌，癩蝦蟆則改名金蟾蜍，價值連城！

要保有「遇河架橋、逢山開道」之精神，任務前做足準備，內心激勵：「為團隊爭光、為自己爭氣，我是最棒、最優秀的、我一定會成功！」它能激發你「贏」的戰鬥能量，要相信、肯定、看好、看重自己，不要看輕、看衰自己，你不能超越自己便很難超越別人，把每次出擊做到完美極致！

人生最容易走的是下坡，要逼自己走些上坡，用榮譽寫日記，用光榮寫歷史。

以下節選新東方教育集團俞敏洪二段精采的激勵演說：

「樹的精神」：人的生活方式有兩種，第一種方式是像草一樣活著，你儘管活著，每年還在成長，但是你畢竟是草，你吸收雨露陽光，但是長不大。人們可以踩過你，但是人們不會因為你的痛苦而產生痛苦；人們不會因為你被踩了而來憐憫你，因為人們本身就沒有看到你。

所以，我們每一個人都應該像樹一樣地成長，即使我們現在什麼都不是，但是只要你有樹的種子，即使你被踩到泥土中間，你依然能夠吸收泥土的養分，自己成長起來……當你長成為參天大樹以後，在遙遠的地方人們就能看到你、走近你，你能給人一片綠色。活著是美麗的風景，死了依然是棟樑之材，活著死了都有用。這就

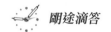

是我們每一個做人和成長的標準。

「水的精神」：每一條河流都有自己不同的生命曲線，但是每一條河流都有自己的夢想，那就是奔向大海。我們的生命，有的時候會是泥沙，你可能慢慢地就會像泥沙一樣，沉澱下去，一旦你沉澱下去了，也許你不用再為了前進而努力，但是你卻永遠見不到陽光了。

所以我建議大家，不管你現在的生命是怎麼樣的，一定要有水的精神，像水一樣不斷地積蓄自己的力量，不斷地衝破障礙。當你發現時機不到的時候，把自己的厚度給積累起來，當有一天時機來臨的時候，你就能夠奔騰入海，成就自己的生命！

年輕時苦瓜多一點，年長時排骨才會多一點。標竿：鮭魚精神：逆流而上，永不退縮。駱駝精神：任重道遠，死而後已。獅子精神：勇猛威武，敏捷俐落。竹子精神：中空有節，虛懷若谷。

春夏秋冬各有盛開的花，如全部的花朵都在春天綻放，那其他季節會多麼枯燥無彩。人生也一樣，如果年輕時一次把享樂過完，那步入中老年後豈不就失去意義了。

 老古說人生
歷練是通往成功的台階，錯誤、失敗是最佳助攻，如果一生都平順，你將無法欣賞到波濤激起壯觀的浪花。

自　律

　　自律，指投注在自我實現價值的行為規範，自我約束、要求、管理、克制，任何不健康負面的誘惑都能知所進退；具事業、榮譽、責任心與使命感；重視廉潔、品德操守，把人生抱負理想和普世價值，作為律己邊界之準則。

自律特質

1. 責任心：對於團隊賦予的任務或自設目標，均能積極投入完成。
2. 態度：自重、自覺、自制，把任何角色扮演到極致。
3. 耐風寒：面對高度競爭、困危時，仍重視品效、堅定向前。
4. 抵誘惑：高品格道德素養，在各利益誘惑下，仍不逾越循規的邊線。
5. 三好：將「口說好話、心存好念、身做好事」奉為圭臬。

自律三階

1. 低階：自我為中心、利益優先、迷失自我。
2. 中階：重形象，聽命行事、完成所託，對組織制度尊重配合，有一定的職業道德素養和專業精神。

3. 高階：實心任事，有抱負、有理想，自我要求極高。對工作積極負責、超出預期，是企業與社會的基柱。重視團隊及個人口碑，參與公益、分享奉獻。

心態：但知做好事，莫要問前程；名乃公器不多取，利是身災當少求。

負律：學生：功課懶得動腦直接抄寫，考試不溫習靠作弊、猜題。員工：工作只做表面，長官沒看到的總敷衍帶過。榜樣：許多主管表裡不一，指揮這、命令那，自己卻常遲到早退、搞消失，在下屬眼裡不得人心、怨聲載道！做人：輕浮、草率、信口開河；對己：放縱、自欺、藉口、沒原則；婚姻：男人說逢場作戲，卻常假戲真做！美色慾望誘惑下，要設道止行的紅線，避免自陷坑洞。

犯四貪：貪心、貪色、貪財、貪賭，將摧毀一生！

現象：某大學資優生聊到，很多同學自律性都很差，上課吃東西、睡覺、講話、玩手機、遲到早退，有回 9 點的課，到 9：30 只有二個同學到課，老師眼睛對著天花板講了半小時，真是奇景。

意志不堅之人，總認為「自律」是種綑綁，自找苦吃的自虐行為，例：父母逼你學這練那。其實，吃苦是種為完成某件有意義事情的過程，多數上癮、有成就的事，初始都是不舒服的。換個角度看，自律是「自控行為」，對人生的負責態度，惜時重效努力為人生拚點成績！

每日起床二件重要的事──理環境、理自己！為何多數人到中年就會變樣發福，而少數人卻還能保持優質體態，除遺傳基因、代謝退化，大多是因後者自律性高，除飲食節制，也保有規律生活與運動習慣而生的果。

有心戒煙酒者，當有人再請你抽煙、喝酒時，勿回：「我正在戒

煙酒」，給自己留後路，當回：「我已不抽煙、不喝酒了」，這是種斷根的決心。

人越休息越懶散，越進取就越勤奮，不要習慣占己便宜，態度走偏、虛耗時間最吃虧的就是自己。

提升：下午比早上好，今天比昨天好。

精耕：在對的時間做最正確、最有效的事。

敏銳：出門走對路，出口說好話，出手做好事。

昇華：出門走正道，出口談條理，出手展效率。

成功：做個自主、自進、自動、自成的人，長期疊加精進。

越自律，越自由：中國知名節目主持人白岩松年過60歲還有體力打籃球、踢足球，這是他長年積習的果。最有自制力之法，就是無需自制力，把它融入生活與體內；詳訂計畫、按表操課，可優化但不打折扣，當養成律己負責的態度後，各方面也會被自律的細胞牽動！

老古說人生
人越休息越懶散，越進取就越勤奮，不要習慣占己便宜，態度走偏、虛耗時間最吃虧的就是自己。

22

位置與角度

「橫看成嶺，側看成峰」，一件事或一個畫面，站在不同的位置與角度、遠近高低、主觀與客觀、喜好與厭惡，常會得出不同的解讀。

老鼠看人如巨人，大象看人如小犬。評論一個人或一件事易也，全因視角不同，對一本書、一部電影、一齣電視劇，要評論找缺很容易，但「從無到有」，寫出一本書或製作一部電影及一齣電視劇，你可能一輩子都無法完成，因為非專業自難也，所以，評者當先惦惦自己幾兩重，不要眼屎笑鼻屎。

和事佬難為，有時只聽單方會失真欠客觀，聽雙邊又好像各有其道理。其實，主角常因站在個人立場，以主觀論事，選擇對己有利的陳述搧風點火。別人的小孩出征作戰，他說是勇者英雄；自己的寶貝被徵招，則想盡辦法擋阻擺脫。

古代要置忠臣於死地，欲加之罪何患無辭？栽贓嫁禍、羅織入罪之由，或嚴刑拷打逼供、以家人要脅，許多冤案未被載於史冊或被刻意篡改，忠臣變奸臣，常因皇上無能，聽信奸臣、宦官讒言而生的冤。

現代律法也常有模糊操作空間，許多政治任命事件，當權者如排斥，就會找出一堆問題來質疑；反之，如因討喜，雖條件或資格不符，當局也會找出千百之理膨脹、申辯，達到因喜好任命的目的！

選舉更甚，為了勝選不擇手段，把對手祖宗八代的事都挖出，黑

的講成白的、是說成非，遠親八竿子打不著，也能掛成一串！政黨傾向的鐵粉、政論節目名嘴，主觀意識超越一切，找己優、訴他醜，憑想像瞎掰起鬨的大有人在。

一場高張的街頭運動，因角色立場不同，示威遊行一方廣蒐警察打人、暴力鎮壓等畫面，四處傳送取暖；反觀政府單位一方，則蒐集暴徒破壞公物、妨礙執法之畫面，以取得伸張公權力之合理性，看戲的人則依個人主觀選邊站。

畫面一：有位清潔專員，上午 9 點出工，下午 14 時屋主視察進度，恰巧看到清潔員坐著滑手機，於是私下告知業主，你們員工上班摸魚滑手機，清潔半天都無明顯的進度，當天下班老闆未求證下，理由不明就把她給解職了，她雖覺得莫名其妙但也沒多問，認命了。

真相是，她滑手機是以LINE傳相片，連絡公司配合的廠商，來運載屋主不要的廢棄櫥櫃。至於說沒進度，屋主是含金湯匙出生，從來不知清潔有多辛苦，門窗玻璃、溝槽、汙垢鏽蝕、廚具油汙、衛浴與壁磚黃垢等清理，本來就很耗時費工，且清潔前的屋況是慘不忍睹，屋主未經思考，只以畫面就聯想打混摸魚，這位員工冤啊。

畫面二：有對青梅竹馬小情侶，某日女友下班時，剛好在路口看到男友載著女同事不知去哪，於是暗地向男友的同事打探，同事也瞎回說，或許有暗中往來。於是女友在未求證下，逐漸疏離男友，也不說明原因，最後以分手收場！

真實是，女同事是搭車通勤，當天因母親車禍送醫急診，在心急求快下，請同部門的男同事幫忙。此事件，男友只是因同事情熱心協助，毫無移情別戀之意，因同事胡亂添油及女友不成熟以畫面判讀的思維，而毀了原本可能幸福美滿的姻緣。

畫面三：班上有二位很要好的 A 與 B 同學，其中 A 也跟另位 C 同

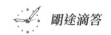

學交情不錯。但C對B無好感，常當A的面說B的不是，A久而久之對B的友情就逐漸轉淡，畢業後就不再互通，發生的有點莫名其妙，任何事都不能只聽單方面。

畫面四：有個影片（母親心疼拍攝），片中父親對跪在地上的兒子抽打屁股並大聲痛斥：「你知錯了嗎？」，小孩嚎啕大哭。看到Live的許多網友肉搜，號召憤怒的群眾來到發生地集結公審，險造成暴動，後因大批警察趕到處理才告落幕。

真相是，就讀國小的兒子下課後，家裡的狗兒看小主人回來，非常興奮不小心抓傷他，兒在情緒失控下不小心把狗打到昏死，因害怕被責罰，還在後院把狗燒到半焦。這愛犬是父親一年前領養的，已屬家裡的一份子，在知道來龍去脈下父親氣憤做出的反射情緒！先不論父親管教方式對錯，就這事件，所見畫面跟真相，自有不同的感受與解讀！

畫面五：一支泰國無聲影片，畫面中只見市場攤位的房東，很生氣摔砸某豬肉攤的磅秤與肉品，許多網友看了都義憤填膺，說女房東太鴨霸、欺負弱勢攤商。因此在網路發酵串連拒買這市場所有的商品，讓她的攤位沒生意做、租不出去。

但真實是，這位房東對所有租客都很有同理心，並常給予支援與寬限。但對攤位治理有個嚴苛規範，就是攤商不能偷斤減兩訛詐消費者，破壞市場聲譽。這位肉販已經給客戶投訴累犯數回，而這回房東到現場測試量秤確實落差極大，過去房東支助過、勸導他無數次，這回才會死心，做出恨鐵不成鋼的情緒反射，避免惡商破壞市場商譽。

再如，有人在街頭行乞、酒店出賣皮肉，背後可能都有一段辛酸史，不能單以片面妄加批判！

畫面六：有個小男孩每天上課都遲到，到校時，總是喘著氣地敲

門報到，導師每次問他原因，他都靜默不語，於是每第一堂課都被老師用戒尺打手掌並訓話。某日，老師在上課途中，看到這位男孩在上課前，推著坐輪椅的母親到安置所，完成安置後才快跑到學校上課。這回敲門仍是在喘氣，並伸出手準備受罰，老師看著男孩無辜的眼神，內心是無比的自責，把戒尺放在小孩的手掌上親吻，蹲著如贖罪般地緊擁、掉淚，真感動！

類似畫面，總在社會各角落上演！人際互動常會發生，可能是一個畫面或一句經別人轉述非本意的話，不經求證友情就由濃轉淡。遇事看到跟聽到有時都不一定是真相，千萬不要因個人主觀就妄加揣測批判！

撕破臉就跟瓷器被打破一樣，就算可修黏回去也已損其價值，不能人云亦云，小道訊息多半會添油加醋。

對事、對人要以融合中道的判斷思維，站在正反兩方，以客觀的角度思考。所謂，海納百川，寧可多交朋友，也不要八方樹敵，非太過分之事，盡量做到愛與包容，至少不要主動攻擊，人間處處有溫情！

老古說人生

撕破臉就跟瓷器被打破一樣，就算可修黏回去也已損其價值。

23

我很重要

二戰後全球百廢待舉，經濟低迷蕭條，產業一片哀號，許多企業紛紛裁員與倒閉！日本某大企業為了公司永續經營，也不得不做出裁員的痛苦決策，在高層開了幾場重要會議後，決定從比較不重要的單位開始縮編裁撤。

首先，是清潔人員預計裁減 50%，閉門裁撤會議時清潔員說：「我們每天都心無二用、敬業樂群，把公司當自己的家，上下內外打理得整潔明亮，提供員工舒適的工作職場，對公司員工，工作心情及穩定度有一定的貢獻，我覺得我們很重要！」

上層聽了覺得非常有道理，暫不忍裁撤。於是轉換到運輸單位，送貨員說：「過去我們十年如一日，每次出任務都戰戰競競、使命必達！讓合作廠商對公司信任及品效讚譽有加，我們也很重要！」高層想想也有道理。

接著轉向現場直線作業員，他們說：「我們對公司賦予的任務都是忠於職守、克盡厥職，用心做到完美極致，讓公司的產品良率提高，企業品牌價值得以穩固，我們真的很重要！」高層聽了也頗為認同。後續到各單位如保全、QA、倉管、行政、人事等做裁撤動作，每單位都說自己的崗位很重要。最後經上層幾番討論，決定都不裁撤了，因為大家都認為自己的角色很重要，且都各有道理！

於是會議總決，在工廠大門守衛室打卡鐘正上方，用木匾高掛四個刻印大字「我很重要」！每個同仁上下班打卡時都會很清楚看到，深感責任重大，面對工作態度更是如履薄冰、不敢懈怠，為企業永續和公司站在同一陣線，也為養家糊口拚了！

結果這家企業在短短一年多的時間由虧轉盈，績效是蒸蒸日上，一個員工都沒裁，還開始擴編徵才。

發想：你是否內心也會覺得「我很重要」？

其實每個人、每一天、每一項任務及你扮演的每個角色都非常重要，端看你用什麼態度去面對，當你內心深感「我很重要」時，

你做事負責的態度就會倍增；

你對人生的目標，就會更明確與落實執行；

你對子女的教育，就會更用心培育；

你對朋友人脈經營，就會更真誠用心；

你對時間的運用，就會更珍惜與重視；

你對社會公益、關懷婦幼，會覺得「我很重要」；

你對地球環保責任，也會覺得「我很重要」。

你真的很重要，人生只有一回，盡可能做些利己利眾之事，生活是精彩多元的，千萬不要低估自己！

老古說人生

你真的很重要，人生只有一回，盡可能做些利己利眾之事，生活是精彩多元的，千萬不要低估自己！

24

角　色

　　人生就像一座舞台、一場戲與一場夢，有男女主角、配角、丑角、路人甲乙丙丁，還有……當然，社會的生態系統，多數角色都有它的功能與必要性，但如有能力、有機會，何不企圖挑戰擔綱幾場像樣的正派主角，那怕是某 1～2 場短劇，讓自己人生留些精彩的足印？

　　麥可‧傑克森演唱會，誰是主角？是麥可，其他樂師、伴舞等都是配角，他非以帥氣登頂，而是以流行音樂、精湛時尚的舞蹈、歌喉與個人魅力征服。

　　一場精采的演說，聽眾因主講者吸引力買票進場，主角與配角搭配下，成就一場精彩的演講或演唱會；一場戲、一部電影，也各有一位最佳男女主角，通常是票房聚焦的靈魂。

　　場景一：許多國際知名偶像巨星，在全球各地都擁有許多追星的粉絲，只要確認造訪時點，就會有一票鐵粉在機場接機、在下塌飯店守候，更忠實的還會製作標語、道具等。當看到偶像時，粉絲開始放聲尖叫勇俊、麥可、Jackie、夢露、甜甜、冰冰……我愛您。這場景主角是明星，保全、粉絲、媒體們都是配合演戲的次角。

　　試想，為何要甘於做配角或丑角？對自己生養父母可能都沒有如此愛的激情表現，千萬別過度沉迷於追星與追戲，其實我們透過努力、不斷精進在本業的專研，你也可能成為其他配角所稱羨的最佳男女主角。

場景二：業務單位每月表揚大會，上台接受表揚的是主角，上台獻花或台下鼓掌的大多是配角，以上沒有貶低之意，只是藉此畫面對比，既然選擇做業務，就不要甘於只做配角。當自己無法成為主角時，這配角還是得扮演好，但要藉此舞台激發、策動、鼓舞自己，企圖來日在台上成為聚焦的超級主帥。

人生是座多元舞台，每個人都是演員，一生中扮演相當多的角色，有父母、子女、兄弟姊妹、夫妻、老闆、主管、員工、學生、老師、作家、社團幹部、社友、球友或隊友等，幫父親看病時是醫生，卸下醫袍則是女兒。一位母親她可能扮演著人妻、保母、鬧鐘、家教、廚師、司機、傭人、雜工……不同角色。

發想：主角通常是能達到極致的人，面對不同的角色要懂得轉換，一飾多角難以客觀融入。你當下是什麼角色，就把他扮演到極致，是學生，就認真學習；是老師，就因材施教；為人子女，不忘倫理孝道。員工，克盡厥職、認真工作；會長，就把會務理好；地方首長，把政見兌現；參與社團，角色拿捏得宜。下班後或休閒時，你是什麼角色就把他扮演好，當你投入把角色扮演到極致，一定會成為某幾場舞台上的最佳男女主角！

生活最高禪學，就是「簡單自然」，內心：靜與淨；腦海：不染、不濁。翻作白話就是作息、休息的循道規律，想上廁所就去上，三餐該吃就吃，該就寢、該起床，該工作、該讀書，就該循律而行。在炎炎夏日穿著西裝，亦屬違反自然角色，長期如此會悶出病來，因為無法自然代謝。

「角色」看似簡單，但很多人做不到，你看許多年輕人，該睡不睡，該勤不勤，違反大自然規律，難成大器也！

離自然近一點，淡泊就在其中，朱光潛的「三此主義」主張：此

身應該做，而且能夠做的事，就得由此身擔當起，不推諉給旁人；此時應該做，而且能夠做的事，就該在此時做，不拖延到未來；此地，我的地位、我的環境，應該做而且能夠做的事，就得在此地做，不推諉到想像中另一地方去做！三此即此身、此時、此地，扮演好你當下最合宜的角色。

人類非固化本質，是彈性多元的，你扮演什麼角色，就要像那個角色，人不是物品，如杯子只是容器，而電器只有賦予之功能！

你當前扮演幾個角色？我有 20 幾個，我還相信，每項角色都還能優化詮釋得更好，你也是！

老古說人生

人類非固化本質，是彈性多元的，你扮演什麼角色，就要像那個角色。

25

垃圾與鐵鏽

垃圾人

垃圾人，形容體內儲存許多負能量，充滿憤怒、焦躁，四處找地方傾倒垃圾的人。世上有許多負面垃圾纏身的人，一旦被引爆，垃圾就會往他人身上倒灌。

場景 1：某餐館「群毆致死案」。一對情侶到餐館用餐，長得漂亮標緻的女友，被鄰桌的幾位醉漢吹哨搭訕，男友說：「反正我們吃完就走，不要理會過了就好！」女友說：「你怎麼這麼孬，你是不是男人啊，連保護女友都不會！」男友解釋沒必要跟這些流氓起衝突，女友仍無法控制情緒，訓完男友後轉身去臭罵那群醉漢，結果醉漢們因酒品差圍上去作勢不利。

結局是，男友為了保護女友，被這些醉漢群毆捅了三刀，經醫院急救無效而亡。臨死前問女友：「我現在算男人了吧！」女友難過得無法言語，如果時間可倒轉，相信女友一定會拉著男友遠離，避免被垃圾波及，但悔之晚矣！

場景 2：行兇反被殺案。某路口，正閃黃燈準備轉紅燈，一位騎士因安全守規停下，後面有台車開很快想搶黃燈衝過去，結果被這台摩托車擋下，緊急煞車時還差點撞上，於是汽車駕駛氣憤地下車飆罵

這位騎士，發洩情緒。

這輛車的友人因煞車時頭撞了一下火氣更大，直接拿刀衝向騎士理論，騎士自認沒錯不予理會，這名友人火氣直衝腦門，拿刀直接砍向騎士，其中一刀用力過猛刀滑落於地。受傷的騎士是個大塊頭，為保命撿起刀反擊，結果換這位友人被騎士追砍，友人身中數刀後失血而亡！由於輿論一面倒為騎士讚聲，法院最後判決騎士屬正當防衛，無罪結案。如可預知，這位駕駛應該會拉住友人，乖乖坐在車上等綠燈再行。

以上本都不該發生，起因均因一時情緒激動的垃圾作祟，而造成無法挽回的結局！

鐵鏽人

鐵鏽人，形容在團體單位裡的害群之馬，不斷以負能量鏽蝕組織功能的人！每個組織或社群，多少都會有些許的鐵鏽人，當遇上時一定要避而遠之，管理者更應提早發現除鏽以絕後患！

社會有一群充滿仇恨、沮喪、負面、忌妒、算計、憤怒、耍性格、無理取鬧、傲慢、偏見、貪心、不知足、廉價義氣、失志、無知、報復、煩躁、愚昧、見不得人好的人。隨著心中垃圾的堆疊，當他們找到地方傾倒時，就會如火山爆發、難以收拾。當「鐵鏽」生成，如不即刻清除，侵蝕面積就會逐漸擴大讓組織鈍化。此二類人難以斷根，常是社會負面事件的主角！

可怕的是，有些人已是標準的「垃圾人」與「鐵鏽人」卻不自知，還到處潑灑負面種子，腐蝕人心與團隊。

當脾氣報到或心情不好時，當「淨心」我不當垃圾人，也非鐵鏽

人，要保持理性與智慧，絕不被內在的垃圾情緒與外在的鐵鏽汙染入侵，你就是社群裡的勝利者！如已沾染些，一定要加以刨除！

垃圾車法則八個承諾

1. 讓身旁的垃圾車開走：切勿接收別人的垃圾，無法控制的負面事物，讓它去吧，把時間聚焦在實事上。
2. 讓自己的垃圾車開走：別讓自身的垃圾傳染給親友，別讓不愉快叨擾你，讓悲觀與消極綑綁你。
3. 避免成為別人的垃圾車：汙染他人。
4. 幫助他人：排除垃圾。
5. 向垃圾車說不：化為行動，不收、不丟、清除垃圾。
6. 感恩循環：遠離垃圾循環，投入美好有益的事。
7. 日常生活例行：不受垃圾擺布。
8. 打造「無垃圾」的環境：樂在生活、工作、發揮所長。

「成功」是由己開墾、貴人相助與機運而成。你可選擇與垃圾、鐵鏽為伍，也可選擇陽光與活力！檢視自己，每天製造與接收多少垃圾？身上是否有鐵鏽滋生未除？不要讓它偷走你的自信與魅力。

性格決定命運，負向的人不如意的事會接踵而至。財神爺永遠是眷顧對人生充滿自信、惜時、惜情、惜緣、惜福、善良、樂觀、認真面對每一天的人，你是哪種人？

 老古說人生

性格決定命運，負向的人不如意的事會接踵而至。

26

易經精觀

　　《易經》是中華經典名著，對哲學、文學、律法、天文等面相都有重大的影響。然，卻不易讀通，其精華可濃縮為八字：「天道忌滿，人道忌全」，在此摘錄其十句名言，重溫古人們豐富深刻的哲理與思維。

一、亢龍，有悔：居高位之人要禁驕，否則會因負果而悔。前面走的路會給自己帶來因果，做任何事，須經深思熟慮、知所進退，考慮可能的變化及結果，在前行中保有彈性與退路，以降低失敗、避開悲劇與凶險。

二、直、方、大，不習無不利：直，人之初自然樸實、沒有雕飾，不因後天習氣熏染偏離。方，直其正也、義也；大，充實光輝謂美、謂大。一個人如能率真、正直仁信、敦厚處世、寬大包容，順應自然之性，即使未受過任何磨習，也可無往而不利。

三、自天祐之，吉無不利：老天願照護那些順從天道之人，而接受幫助的人必是敦厚誠實、篤信善道。凡為人誠懇、講信用，遵循客觀規律，既不盲目行事，又不心存僥倖與投機，還能主動向道德高尚、操守廉潔、專業能力強的人學習，就能諸事順利。

四、無平不陂，無往不復，艱貞無咎：沒有平地不成山坡的；沒有去了而不歸的。人生挫折和困苦雖難避之，但如保有堅定的心，終會開好花、結甜果，轉化為平坦寬闊的人生路。

五、尺蠖之屈，以求信也。龍蛇之蟄，以存身也：尺蠖是種蛾的幼蟲，前行時會把身子不斷弓起再伸直，而龍蛇等長蟲，蟄伏身體是為了繁衍生存。若想幹出一番成就，需具備「能屈能伸」的精神。屈，並非失敗後的頹喪失志；伸，也非功成名就後的傲慢狂妄。這是韜光養晦、伺機而動的謙忍。然而現實中，能伸不屈的人卻少得可憐，想想看，稻穗低頭彎腰才有了飽滿的豐收。

六、天地不交，否。天地交，而萬物通：否，是天地不交；泰，是天地相交。天地之氣互不交通，則萬物不生；天地之氣相交，萬物才得以生長，世間才會亨通大吉。處事要圓融，與人融合，留意對象和場景，面對不同的人，該說的說，不該說的就止。

七、積善之家必有餘慶，積不善之家必有餘殃：簡言之，積累善行的家族，福報必將承蔭後代。常做惡事的家族，災禍將累及子孫，這是家風傳襲必然之果。好的家訓、家風，能成為家族後世的指標。生長在家風良好的世家接受家族熏陶，內心堅定不被外力所牽引，人生路自能走得順暢，家族越發興旺。

八、天道虧盈益謙，地道變盈流謙。鬼神害盈福謙，人道惡盈好謙：天道、地道、鬼神之道，人之道，都在「謙」字裡。《易經》的每一卦都有六爻，而謙卦是《易經》中唯一六爻全吉的卦象。謙卦象徵謙遜，如同道家對水的解釋，水為至善至柔；水性綿密，微則無聲，巨則洶湧；與人無爭卻又包容萬物，能滋養萬物，使各方得利，而不與萬物發生矛盾、衝突，人生之道，莫過於此。保持謙和，與人為善，不驕不躁，一生福祥常伴。

九、蹇，君子以反身修德：蹇，意跛，引申為困難、阻礙，行動不便。人生中每個人都會經歷低谷，面對窒礙難行的難題時，要學會「反身修德」。當遇上困境，首要省己，了解問題是否由己所生，再

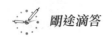

逐一化之。

十、君子以正位凝命：君子當擺正己位、端正言行；凝聚精神、開發
　　智慧，完成人生的責任與使命，實現人生最高的理想與價值！

 老古說人生

天道忌滿，人道忌全。

27

物以類聚

　　物以類聚，喻同類型的人與物常聚集；另喻惡德之人互相勾結之意。你跟億萬賺千萬，跟千萬賺百萬；跟無業變光棍，跟惡煞，早晚進牢籠、下地府。

　　人為群居，社交是天生的能力，在融合後會自然分層。萬物中鳥獸、魚蟹大多群聚一起；外國因國情也常設有「唐人街」商圈；丐幫也會匯集取暖。

　　有位毒梟在執行死刑前說，在金三角販毒的人很多，因經不起誘惑好人也會變壞人！

　　正負兩極、善惡對立，所謂近朱者赤，近墨者黑，道不同不相為謀。人以群分，同道中人，善一夥、惡一群。正邪總水火不容、勢不兩立，英雄惜英雄、菁英會菁英！馬拉松跑者因活動結識、重機騎士因愛好結伴、飆車族集結比炫、幫派火拼先上再說等，均因志同道合、臭氣相投！甘於同流合汙者，如賭徒、酒友、毒蟲、宵小、詐騙集團等；反之則格格不入！

　　限制你的非智商，而是你所處的生活圈，你接近誰、與何人為伍或忠於某事物，就容易活成那個樣子。牌友總是邀你三缺一、酒友常是勸酒乾杯，那你就脫離不了賭博、酒敘的交際圈。成功優秀之人總散發積極的正能量，君子對己自我要求，而小人只知要求別人。

　　學校提供多元社團投學生所好，例如壘球、籃球、高球、登山、舞蹈、棋藝、攝影社等，社員因興趣自然結合。黑道，部分人眼裡講義氣、海派、威風，有許多青少年同因休學加入幫派。觀察偶像粉絲，其肢體、動作、穿著、性格都入木三分樣。球迷在球場集結，有共通話題、加油特有默契。

　　同化因子：童年時期，家教、身教最為關鍵，在環境潛移默化下有樣學樣，放縱溺愛不捨小孩吃苦，反害了他。有位母親因小孩上課，每天要幫他看卡通，並報告劇情進展，逐漸養成孩子遊手好閒、好逸惡勞之性格，演化為消極依賴之人。到了叛逆期，有些小孩到中學忽然變得不聽話、愛頂嘴、抽煙、染毒、談未熟之戀，在家話少，在校卻很活躍，多因結識外向、走偏的同學，被同化而變得叛逆，當轉不過就易定性！

　　筆者自小不愛讀書，高中即選擇讀夜補校，比多數同期的人提早步入社會。由於心不定，對人生毫無志向與想法，工作換了近十個。交友、生活過得很隨興，不懂篩選與拒絕，煙酒、檳榔、小賭等壞習慣都沾染過！現在除偶有應酬淺酌外，其他均已根除。

　　猶記當年部分場景，像是空閒時與朋友掃檳榔攤，這家買檳榔、下家買煙或維士比，目的是與西施搭訕。在酒席上被誇好酒量，越起鬨就喝越兇。常熬夜賭象棋，上課刁十三支、大老二、梭哈，直把教室當成家。有回三五好友提議吃擔仔麵，竟從桃園開車到台南，吃完直接返回，回想起來真瘋狂。當時還簽賭大家樂及六合彩，因常槓龜，索性當起六合彩「火車龍」的小組頭，到當兵才收手！

　　回想當時的生活還真是糜爛、幼稚，既傷身，亦損形象，就像無感人生。服兵役時，一些大專兵室友相對正面，在同化加持下智慧漸開，對人情義理較懂得謹慎拿捏！有些朋友至今仍是這款樣，保距為

上，拒絕是種藝術，要學會說不。

插播：檳榔根除之因？是有回跟堂兄弟在活動場嚼起檳榔，鄰居大姊看到愛之深、責之切，拉周邊的人對我訓話，說：「你們看這麼帥的人，竟然也會嚼檳榔，真是破壞形象！」這麼帥的我聽了還真不好意思，此後就不沾了！

二種人難成大事，一是朋友少，二是品質差，他會糟蹋你的口碑。你整天跟一群雞鴨為伍，很難長成如虎嘯鷹揚、翱翔天際的老鷹；你夥伴都是兔子，性格溫吞，隨時都可能給豺狼虎豹給掠殺吞食！

孔子曰：「益者三友，友直，友諒，友多聞。」找對人、說對話、做對事；良禽擇木而棲，賢臣擇主而事。跟對老師與教練，名師出高徒，人生中擇友、與誰為伍實在太重要了！

老古說人生
限制你的非智商，而是你所處的生活圈；君子對己自我要求，而小人只知要求別人。

28

物競天擇

　　達爾文《物種起源》提到物競天擇，亦稱自然選擇，強者優勢，適者生存；大者恆大，優勝劣敗；能者上，庸者下；你強吃別人，你弱給人吃，這是萬物生存的通則！

　　自然界所有物種多屬強與適者存活，弱與不適者淘汰。現代，錢多欺負錢少，稍不留神就被幹掉！物種的延續經演化下，發展出各自生存技能與續命的本事。

　　入境問習，入國問俗，入門問諱。人類自古有群聚就有競爭，從家族、村社、部落、城邦、人種、貴族、黨爭（如宋朝）、帝國到國家。小至衝突、鬥毆，大至發起掠奪、併吞、戰爭，其因為理念、為溫飽、為利益，而強取豪奪、爭權奪利。農民起義、信仰衝突、各式侵略，結局通常都是大吞小、強吃弱。所以，有時弱者會結盟強者當靠山，以求繁衍生存的延續！

　　當然，生存下來不一定是強者，而是最能適應各種變化的「適者」，不然恐龍就不會滅絕早稱霸地球，蟑螂也不會在地球存活億萬年，演化到4000多種。地球存在最久的生物是一種活在鹹水裡（主要在澳洲）的細菌叫作stromatolites，已存活了35億年，因為牠有強韌的適應力。

　　回到現實，「強」的定義不是像恐龍做個武夫，「適」也不是像

蟑螂躲在陰暗角落人人喊打。你可在本業的專業、產品及個人特質如人品、人際、態度、勤奮、圓融等方面，凌駕於你的競爭對手，在產業未敗陣下來，存活率、能見度自然就越高。你看，草原上的許多動物，擁有多重生存武器者，往往才是贏家，如豹除跑得快還得要能爬樹，以躲過獅子、鬣狗等侵略與搶食。

競爭社會它冷酷無情，靠實力本事發聲，這個人如事業有成，會讓人敬重三分，走路都會起風，許多人會迎合他、靠向他；異性緣也特好，因為連放的屁都是香的；上台演講口條不佳被認為是耿直，笑話即使很難笑，台下也會很給力地配合裝笑；結尾常獲如雷掌聲，深怕失禮，這是「強優者」的福利！

相對的如你努力奮進，但因生不逢時，失業、經商失敗，當弱項積厚時，連親友都會逐漸疏離，怕你又來借錢或帶衰，這就是弱者面對現實的無奈與悲哀，除非你能扭轉乾坤、反敗為勝，一些臭人又會再靠上來沾光拍馬。

「強者」優勢

例 1：全球許多一線城市，所享受到的人口的福利、物力及國家提供的資源，一般都會遠勝於二、三線城市，如北上廣深、六都。

例 2：皇帝傳位或老董交棒，總會以綜合能力最佳、較討喜的皇子或子女為首選。

例 3：成熟的女性擇偶條件，通常會挑麵包多些的男性，沒實力的愛情通常較脆弱，因為生活中「麵包」占比甚重，當然所指的非爛麵包。

例 4：當你積累可觀的成就與財富，子女豈敢不孝！會常回家陪

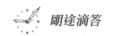

伴關心你、討你開心，深怕日後財產分配減分！

　　例5：股市崩跌政府護盤，總以績優股為首選，相對安全！

　　例6：早期有些落後族國，凡有一產多胎的小孩，就會選擇較強優者留下，較弱或有缺陷的，則丟放到叢林讓其自生自滅或乾脆活埋。

　　例7：許多物種需靠打鬥，最強的才有機會當老大，以獲取交配繁衍之權。

　　擁抱任何變化，它能夠激發成長茁壯，鍛磨進階成強優的適者。所謂在水知魚性，在林知鳥語，不要讓環境、氣候、職場適應你，要讓自己適應任何所遇之變，修煉出一套強優的競爭本事，它不怕被複製，就算刻意複製也不容易趕上。當條件昇華到位時，你進可攻退可守，可選擇續往高峰挺進，也可平凡逍遙、熱心公益，至少可做到少求人！

　　社會競爭本是殘酷，現實是王八，說翻臉就翻臉，贏家絕非短期騰跳而出，而是由長期培養的小優而成。通常，越熱門競爭對手越多，你的賽道如都沒對手或許是選錯道。

　　「通才」指能處理複雜事物，了解各門派套路之人，強優者，除了專長也兼具通才之能。其特效藥，就是不斷進階優化，讓他人聞其名就豎起大拇指，可能是你事業有成、技藝超群，也可能是你做人成功、功德無量！

老古說人生

在水知魚性，在林知鳥語，不要讓環境、氣候、職場適應你，要讓自己適應任何所遇之變。

29

品　相

　　優良品相具備完美、純正、內涵、品質、稀有、價值、舒服、驚讚、絕世聖品！

　　一件文寶「品相」的優劣，關係著它在市場上的價值，如藝品需具備「真稀絕美」、「形神兼備」，可能是歷史文物的稀世珍寶，也可能是值得珍藏的瓷器、畫作或名酒，當富豪們競相追捧時，價格的堆疊可真會嚇死人！

　　例1：畫作：2017年11月頭版頭條，達文西最後一幅落在公開市場的真跡畫作《救世主》，於紐約藝術品拍賣會上，以超過4.5億美金標出，創下藝術史上最高的拍賣價格紀錄。由於這幅畫跟《蒙娜麗莎》有許多相似之處，因此又被譽為「男版蒙娜麗莎」。

　　佳士得當時預估這幅畫價值約落在1億美元，但落槌成交卻以約4.5億美元（約新台幣135億）的天價拍出，打破2015年5月12日畢卡索《阿爾及爾女人（O版）》近1.8億美元

達文西的《救世主》，
圖片來源：維基百科

的成交紀錄。一幅畫作135億台幣，開個玩笑，你買這本書既幫你長知識，又幫你開眼界，目睹這幅畫的真跡圖檔，就已值回票價了！

珍藏於法國羅浮宮的達文西畫作《蒙娜麗莎》因失竊經報導曝光，而知名度大增，是價值與名氣飆升的主因。

例 2：威士忌：一瓶珍貴稀有的麥卡倫 60 年蘇格蘭威士忌，原預估出售價格在 35 至 45 萬英鎊，卻在 2019 年 10 月 24 日英國倫敦拍賣會上，以 145 萬英鎊（折合台幣約 5826 萬元）天價落槌，改寫麥卡倫 60 年手繪款在 2018 年 11 月佳士得拍賣會的 120 萬英鎊（約新台幣 4706 萬元）的世界紀錄。這瓶 1926 年蒸餾的麥卡倫單一麥芽蘇格蘭威士忌，出自編號 263 木桶。

麥卡倫 1926 年威士忌天價拍出（圖片取自蘇富比）

一瓶酒 700 毫升，如以拍賣售價平均酒液的價格，約每 10 毫升就高達約 2.8 萬美元，等於每喝一口，就喝掉一部國產中級房車。我看是永遠不會開來喝，是誰也喝不到這高不可攀、獨一無二的「聖盃級」威士忌。

對一般人真無法想像，假設未告知開瓶請你喝，除了開酒的主人知其價值，你肯定喝不出此天價，也生不出黃金；任何專業品酒大師亦同，只知它是一支好酒，也可能只是裝懂！

插播：「鬱金香泡沫」發生於 17 世紀的荷蘭，是世界上最早的泡沫經濟事件。當時由鄂圖曼土耳其引進的鬱金香球根，異常吸引大眾搶購，導致價格瘋狂飆高。1637 年初，一株名為「永遠的奧古斯都」的鬱金香球莖，期貨合同竟被炒到約 6700 荷蘭盾。這筆錢足以買下阿姆斯特丹運河旁的一幢豪宅，當時荷蘭人的年均收入約 150 荷蘭盾。

在政府示警急踩煞車下終止期貨合同，因未來前景不明，民眾短期拋售導致價格暴跌 90%，泡沫後續崩至 1939 年有些僅剩頂峰時的 0.005%

價格，投機客大多是貸款投資，一夕之間傾家蕩產，哭得淚乾腸斷！因「品相」稀缺性、富裕時尚及精神象徵的瘋狂，風口熱期高獲利下好康道相報，一棵植物球莖值一棟豪宅，在當時要上班不吃不喝約 45 年，如遭竊或枯死財富夢就歸零，真是瘋狂！

再例：「長春君子蘭」泡沫事件，從 80 年代初一盆幾塊錢，炒到 1985 年初最高約 14 萬／盆。當時工人年均收入約 300～500 人民幣，一盆蘭花價格不吃不喝要賺近 350 年。北京房價當時 $1m^2$ 才 3～4 百元，約可買 3～5 套房，民眾卻搶破頭，真是瘋了！最終在政府干預限制下，形成泡沫，價格一落千丈掉至高峰的 1%以下。

個人經營：如把自己鍛造出優質的品相，具備難以被取代的條件本事，那你的身價也有機會超越畫作、名酒、球莖與蘭花！你看，許多巨星代言或出席活動就能進帳千萬報酬，一個新創有用的專利也可能值數億美元！

論品相

1. 第一印象：生活中常遇第一眼，產生印象好或差的人；笑臉對上苦瓜或撲克臉，從外表儀態、妝點，不自覺中就會先有主觀的評論。

2. 表達口條：言談中可嗅出人的品格，如跟誰都不對盤、口無遮攔、沒水準與深度，無形中自貶身價！一個人的肚子有無墨水，別人接觸幾回便知深淺。有些人看似麟鳳芝蘭、玉樹臨風，但開口攻防幾回就把第一印象給毀了，如，經常輕世傲物或把三字經當語助！

3. 專業技能：有位堂兄在 60～70 年代時，工作是上映電影宣傳

招牌的畫師，當時影像科技還很落後，電影院宣傳招牌幾乎都是人工繪製。小時候市場年貨區總特別熱鬧，堂兄每年都會擺攤「客製化」寫起春聯賺外快，筆法是行雲流水、功法流暢，真是帥呆了，好厲害、好羨慕、好佩服，因為不是隨便一個人就有此功力，不用開口便知有沒有，這就是才華、真功夫、高品相！

許多知名的樂師，上台後一個手勢，馬上如雷掌聲，接著洗耳恭聽、沉浸於樂海中！

4. 精氣神：要養正氣，化怨氣。切勿「走路」駝著背、有氣無力、要死不活的，要抬頭挺胸，充滿朝氣活力；不要「眼神」渙散、無精打采，要炯炯有神、有靈；「握手」不要軟弱無力，要有剛氣勁道。

5. 行為：表裡不一者，將已打成贗品。保有四梵住「慈、悲、喜、捨」心，方有加持。

6. 多種語言：用三條舌頭做生意。

品相競爭力：英國脫歐各國因擔心稅制變化，許多企業欲遷總部至其他歐盟國。脫歐事件對英國是亂中生憂，對歐洲各國則是亂中生運。各國引資的品相競爭力就變得相對重要。如 16 世紀，在東印度公司招商引資下，大量外來人口遷入荷蘭，英文成為荷蘭第二官方語言，加上基礎設施建構相對完備，是各企業總部擇點的首選要件，所以積極招商望能成為歐洲新門戶。

優質品相是企業品牌「永續傳承」的資產，是個人「留名青史」的基要。誰能打造優質、好感，誰就拿走利潤與名器，即刻展開「品相」升級計畫吧！

30

幽默與風趣

　　幽默（英語：Humour 或 Humor），意旨詼諧，令人感到好笑、滑稽的行為或言語，與「風趣」含義相近，是種語言智慧、僵局的潤滑劑。

　　幽默感：具備風趣、愛說笑、善解人意、自我調侃、自娛娛人、嘲弄他人、文字錯解、裝神弄鬼、故弄玄虛、丑喜角色等元素，不同風格的融合，具創意與趣味性的特質。

　　風趣：指一個人語言表達、用詞、表情、肢體動作等，能讓你氣場爆棚、聞者讚嘆、參與者開心愉悅、不自主發笑，發自內心接收你的幽默與喜感。

　　在適當場合添加「幽默與風趣」可讓雙方距離拉近，化解尷尬氛圍、提升場子熱度；讓演講增添效果、紓緩緊張氣氛與壓力、化解不必要的衝突；讓溝通和諧順利、對手折服、化敵為友，深化人我關係鏈。男性具幽默感，還可提升異性緣、巧遇真愛，因為討喜總讓人容易親近。

　　話雖如此，「幽默」易懂難學，它不全然是搞笑，有人自以為幽默受歡迎，真實是多數人對他言行感到無聊、輕浮與厭煩。如要虧人，對象要開得起玩笑，不然你會常得罪人，且通常是很熟的朋友！

　　有位仁兄，老喜歡開夫妻或男女間的黃腔，要不就是把一件單純的過往添油加醋，增加友人的糗態，提升笑果，本無惡意，在朋友圈

很是活躍。但有少數友人，因他玩笑常開過火而逐漸與他保持距離，他卻未嗅出，許多酒宴場合，同桌總有些非太熟之人，因這位仁兄黃腔成習，常信手拈來展功，但對象搞錯了，有些人就非常排斥與厭惡，無形中自貶形象。

所以，幽默與風趣要在適宜的場合與適當的對象為前提。將日常生活中的見聞儲備轉化、創新改良，偶出竅嘗試，鍛磨幽默的特質，實戰多了，腦海就會不經意地浮出經典與畫面。

互嘲：老鼠嘲笑母獅，一胎只能生 2～3 隻小獅，母獅驕傲地回：「是的，但牠們都是未來的森林之王。」太太每次叨念老公：「你有病喔、你是神經病是嗎？」老公：「當然囉，我如沒病、沒發神經當初會娶你嗎？」將老婆一軍。夫妻吵架，如能讓對方會心一笑，一切都能化解；談判遇僵局時，讓客戶展開笑顏、卸下心房，後續進展會降低阻力。

好友間常遇到，甲說某某人放屁，這是心理學撇清關係，其實通常都是甲放屁，先聲奪人，想誣賴給他人。所以，下次再有某人說誰放屁時，回敬他一句「是你放屁」吧。

有位父親步入中年，因頭皮不好不敢染髮，每隔一段時間都會請女兒幫他剪白髮，盡量隱藏老態。女兒每次都很沒耐性，兩三下就說已剪好，老爸總問：「白髮這麼少喔」，女兒：「是啊」，老爸：「你是瞎子嗎？」女兒：「對啊，那你幹嘛請瞎子幫你剪」，父無語！

吐血：一位中年男騎士，行進間從後照鏡看到側後方有位穿著性感、低胸露肩、頭帶全罩的女騎士，於是刻意減速跟後欣賞，紅燈怠速時，忽然感覺背影好熟悉，原來是自己女兒，頓時由喜轉怒！

對話：有個朋友騎車通勤，某天午後下著傾盆暴雨，他在社團群組發：「哇，這麼大的雨，沒帶雨衣待會下班要怎麼回家？」有位友

人看到回：「五點雨會停，有聖旨（附圖檔），如大雨未停，偷教你一招，你把衣服脫光就不怕淋溼，可免穿雨衣，只要找東西把重點部位及臉遮住即可，回到家把身體擦乾，還可節水免洗澡超環保，一舉數得，要保密不可外傳喔！」訊息發出，300 多人的群組忽然熱鬧了起來，來回傳了 200 多組幽默互敬，笑料不斷！

這位不外傳仁兄此後在社團辦的任何活動上人緣就變得非常好。當然，幽默要在對的時機恰到好處，一天到晚亂發文，人家只會認為你太閒、太無聊！

錯頻：新型冠狀病毒疫情高峰期間，有些人自以為幽默，在公共場所開玩笑故意咳嗽，導致周邊人恐慌，這非幽默風趣，是智障！

當你走到哪都在散播歡笑給人時，你的人際關係會變好，你對人生的態度會更加正面樂觀，因為幽默會降低負面情緒的孳生。相信，保有幽默風趣的特質，會增添你生活上更多精彩的趣談與印記。

老古說人生

當你走到哪都在散播歡笑給人時，你的人際關係會變好，因為幽默會降低負面情緒的孳生。

31

炫富與仇富

　　正常下，誰不想趁年輕努力打拼，多掙點錢積累財富，讓自己及家人過更好的日子，通常這種成功奮鬥的歷程，是相當勵志值得學習的典範！但一樣的糧食會養出千百種性格的人，複雜群聚的社會，由於成長環境與生活方式不同，價值觀自然有所差異。

　　上流社會：泛指許多企業、自營富商、高階、高官人士、土財主、田僑仔、暴發戶、非正道生財者等，被財富堆疊掌握權力與名氣之人。這些人不外乎住豪宅、開名車、穿戴名牌、珠光寶氣、名酒、雪茄、周遊列國、遊山玩水！

　　如以正道，靠己勤奮拼出的成就，提升物慾乃自然合理，也是多數人嚮往追求的，反該多學習他們成功之長，實無必要忌妒，況且那是別人的事，跟你有何關係！社會也有很多符合上流之人，出入低調、為人謙遜、不刻意妝點，著實更令人讚賞！

　　富二代：富家子弟，上流社會的後代或經受贈、繼承高額家產的子女。有的積極參與交流平台、分享協作，延續上代勤耕的精神；但有的是純靠家、靠爹娘驕奢慣養，生活重心偏重於物慾享樂，愛大肆揮霍，攀比炫耀、四處打卡、高調炫富、超跑代步、撒錢、豪賭、泡酒店、生日開趴等，給人不務正業的印象，卻比常人享受更高水平的生活。更糟的是有些胡亂投資，富不過三代把家產敗光，留給社會的

印象是極端的負面！

　　當然富二代裡有很多父母是生性節儉、平凡低調，但子女卻遊手好閒、好吃懶做。這跟家教多少有所關聯，因心頭肉不捨讓其吃苦，食衣住行育樂方方面面超限供給，而造就後天好逸惡勞的性格，未來少子化趨勢下更甚之！

　　偽富者：明明沒那屁股卻還要炫富。有人借貸求婚、購買不符身分的鑽戒（女方愛慕虛榮之心也該檢討）、搞排場等；也有人租借名車炫耀、穿戴仿品或透支購買名牌，參與社團充闊氣、裝身分，這些偽富者極為空洞，以此度日實在辛苦，省點力氣拚對目標較實在！

　　仇富者：因炫富、炫耀之象，在現代科媒、社群平台串流的搧風點火下，看在許多中低階層、堅守本分工作或諸事不順之人眼裡，心裡很不是滋味，超不順眼！為何因出生不同產生如此不公之別？即便「我比別人卡認真，我比別人卡打拚」，生活還是過得不如意，長期以往，終究形成不平衡的仇富心理。

　　世上本無絕對的公平，出生落地起跑線就有如天壤。無論有錢沒錢，「炫富」與「仇富」之心理，端看該當事人的心態與價值觀！

　　上帝給每一個人的時間都是一樣的，只要肯努力，你我都有機會出人頭地、累積財富過更好的日子。人生在起伏淬鍊下所結的果，總特別甜，遠比含金湯匙出生的富二代或偽富者來得更有價值與豐富。這或許是上帝的另種賞賜，縱使當下心中有多不平衡，也很難改變百樣人、千萬事。

　　錢很單純，但人常為了錢，傷感情、改變立場與價值觀，失去良心、喪失超越錢的「人品」。那些白手起家、事業有成、不忘初衷、公益回饋、永續經營、為人謙遜的企業家，才值得我們學習，把自己經營好也是一種富有，一起努力吧！

32

相信與意念

　　相信，自認正確、真實、堅信、不懷疑的事！意念，認為有意義的事，會積極投入、完美達陣，如缺乏意念，則萬事都提不起勁或敷衍了事。

　　世上有種強大的正能量叫「相信」，也有種負能量叫「不信」。相信與意念用在正向加持，對目標執行的果有相當的助益！

　　「相信」是成功攀頂極重要的推手，投入任何事往往先從「意念」為啟。你打造什麼思維，就可能創造何種的果。很多事都是「心念」引力而來，你相信的事，會成為你的信念；你不信而可為的事，也將成為你的障礙，禁錮你的腦幹與能量釋放。

　　馬雲說：「很多人因為看見而相信，但我們因為相信而看見，我們相信、看見它是未來，所以，把它變成未來。」因為相信，勇敢去追夢、造夢，直到圓夢。熱情的奧妙就在於你會想懂它、探索它、追逐它。

　　意念堅定的人知道自己要什麼，會排除猶豫堅定朝目標挺進，散發自信的能量，同時也能提升他人對你的信任與肯定。執行遠大目標理想遇挫、摔跤時，「心念」會帶給你無窮的能量與驅動力，助你事滿功成！

　　信念用於正道會產生正能，但如錯信走偏，也會帶來極大的負能。

宗教信仰：基督教教人神愛世人、阿門信耶穌得永生，佛教阿彌陀佛、篤信普渡眾生，以及印度、伊斯蘭教等，人們普遍認同鬼神論，大批朝聖信徒，迎媽祖、拜神佛，虔誠者行三跪九叩禮，路程從數十到上千公里都有。

有位業務，每個月都要固定到附近十所宮廟參拜，祈求平安健康、事業發達、發大財，然而 50 幾歲的她至今事業似乎也沒特別發達，脾氣古怪、身體虛弱、開台破車！所謂，心誠則靈，廟宇神佛千萬尊，當保敬畏之心，但信仰虔誠該有個限度！

宗教信仰數千年，信徒大多是為獲取心靈上的安定與慰藉，因為世人在神佛面前會毫不隱瞞赤裸坦白！當人生遇低潮、創業與感情受阻、不如意時，藉與神佛對話，讓心靈獲得渴望的救贖，有個寄託與支撐，信不信皆由人。許多祭祀的儀式、器材及象徵富貴的金銀財帛、紙器等，都是商人的行銷套路，目的就是讓你「迷信」掏錢買單能消災除厄。

許多教徒傳達理念，只信仰他所相信，逢人就拉人入會聽教，說是協助眾生擺脫世俗，令人感到有點走火入魔，雖無惡意，但老重複說著一些聽慣的神蹟，如之前某人因嘗試聽道，原本醫生已宣布放棄，結果奇蹟出現不藥而癒。還有人自稱會發光分身、隔空或視訊發功治病，但實際是靠信徒奉養，供豪宅、名車朝拜的師傅，你說該信不該信？難以置信的是，其中許多信徒還是高知識分子、名人與高官。

政治公投：英國脫歐議題之初，支持與反對兩派各有支持者，大都因相信二方的訴求！有時政治人物曇花一現，因相信改變，換人做做看、造神膨脹以高票當選，但當選後，又常因許多政見膨風跳票，選民不再相信，而難堪地下台！

政治野心：為推動政策、政治利益或保住權位等，所延伸的行為。

例：二戰納粹為推動理想，鼓動德國人相信猶太人是他們的公敵、是國內問題的禍根，以及一戰簽訂的不平制約等。

反清復明，信者抱著犧牲是種使命與光榮；日本二戰神風特攻隊效忠天皇，洗腦自殺式攻擊是神聖的榮譽，被俘虜與投降則是恥辱與不敬，所以大多寧願戰死、自殺，也不願投降。

專家如房地產、股市、財經方面等權威，節目上說得口沫橫飛、天花亂墜，下節目後卻是連自己都不信或押錯寶欠了一屁股債！

地理風水：有對夫妻打拼一輩子買了間店面，並請來風水大師指導，大師說一樓廁所是藏汙納垢之處，要避之，於是他們把一樓廁所改為小倉庫。自從進駐後，就迷上大家樂、六合彩，把所有積蓄與數千萬的店面都賠進去。年近70歲還是負債的無殼蝸牛，租店幹著老本行。傳統風水可信，但要有基本的常識與智慧判讀，改了風水心態沒改，還是沒用！

半信半疑：怪力亂神，不孕症有治、懷女可藉由換肚作法變男胎，這也有人信；誆買高價玉石避邪改運、請法師燒庫錢改運致富。男性禿頭有救了，保證十天再生茂密之髮，重振男人尊嚴與雄風，那就保證不再有禿頭嗎？治療癌症，仙丹妙藥總特別貴；成功致富保證班、改名、招桃花、婚姻補救所等疑難雜症都有得解，難怪總有人落入陷阱！

許多套路，都是抓住人性脆弱與矛盾的心理，用誇大的話術讓陷入困境的人相信。新冠病毒肆虐期間，這些號稱能造勢改運、妙手回春、百毒不侵的大師們，怎不跳出來做功德、展法力？有些大師還趁勢加碼鼓吹，只要虔誠信我教就會有神功護體，我呸！

再例：麻疹這種急性呼吸道傳染病，在過去一旦感染死亡率極高，在60年代疫苗問世後，死亡率明顯改善，但有許多家長因「聽信」打疫苗對小孩會產生副作用而選擇不接種疫苗。隨著時間流逝，人們逐

漸遺忘了過去肆虐傷亡之慘況，在 1980 年全球就爆發了 260 萬的死亡人數。即便如此，許多國家接種率卻是不升反降，導致每年因麻疹死亡的孩童人數提高，有說每年 10 萬、80 萬，也有說至少有 150 萬人的黑數，而接種率低的有許多還是先進國家。

意念：有回夏季天氣炎熱，騎車途中，頭皮發癢難耐，想說不要浪費時間，等遇紅燈再停下止癢。很快前方遇紅燈很是開心，停車後很用力往頭上抓了幾下，綠燈後續向前行，此時才突然驚覺，剛才抓癢時安全帽根本沒有取下，竟然只抓帽頂頭皮就不癢了，真是好笑！這是種「意念止癢」之意，與誰為伍就像何樣之概念。

有部韓國電影，在講男主角因隧道崩塌受困，歷經開挖搶救 17 天後發現挖錯位置，遭困的男主角從期待到崩潰，無奈下用手機餘電撥給老婆：「我無法再撐下去了，你要照顧好小孩跟自己……」，老婆回：「好，如果不願意活下去你就去死，你如走了，我跟小孩也會去死！」因老婆的刺激，激發老公堅定的求生意念，於坍塌 35 天後獲救脫險。這是為妻小存活的信念所得到的反饋，我也感動到掉淚。

「吸引力法則」靠得就是起心動念！相信與意念，遠比黃金、鑽石還寶貴。相信對方，所以願意和他攜手並進、白頭偕老、共創未來；相信金融，把錢存銀行，不信則發生擠兌；相信宗教真理，獲得心靈寄託！成功首要，就是堅定地相信自己，才有後續的 1、2、3，當相信能跑全馬，勤練就有機會達標！

信念不堅，難有大作為！執行任務時，要堅信才會有渴望的企圖與衝動，所看到的是光明道路；如懷疑，眼前均是黑暗與困難。相信與知道，力量無法全然釋放，要結合行動，才可能產生更多的奇蹟與火花！

33

限定最後期限

　　成功與失敗的關鍵在態度，我們生活中常會犯「拖延」的毛病。

　　成功者，目標明確，落實執行，掌握時效，重要的事一定會限定自己「最後完成的期限」，今日事今日畢；明日事亦能超前完成，因為賺時間就是賺金錢！

　　拖延症患者，自我要求不夠嚴謹，執行意志薄弱，該辦的事不斷延後或忘記去辦，心裡雖充滿焦慮與罪惡感，但還是無法根除。拖延症幾乎人人有份，只是程度輕重問題，如暑假作業不按時程完成；買書充電翻幾頁就晾一旁；買氣功、瑜珈影帶，練兩次就退燒；說好要減肥，總是吃完這頓或這支雞腿再說，不為什麼，因為人性喜歡黏附著輕鬆與舒適不放。

　　在家父母叫小孩寫功課、把地掃乾淨、去洗碗、洗澡等，最常聽到的回應就是好啦、等一下、再過 5 分鐘，總在三催四請下完成。在公司主管指示底下業務每日須掃五條街、發 100 張 DM、打 10 通電話，多數業務都無法落實。

　　老張心想：不能再胖下去了，今天下班後一定要去操場跑 10 圈，結果下班回到家，看到老婆準備的豐盛晚餐就嗑起來，打開電視遙控器或手機，沙發一躺，接著就是明天再說，根本沒把承諾當回事！

　　寫論文：每個碩士生最頭痛的，就是畢業前要完成論文、口試及

審核通過，多數學生都會犯「拖延症」，認為二年還早，總會拖到畢業前半年或季才開始動筆，急趕慢趕之下，內容大多東拼西湊，教授勉強過關。各校每屆幾乎都有少數，因論文未完成或在緩衝年限，仍因消極未能完稿通關，而無法畢業的碩生，其因就是「拖延症」作祟，沒有限定最後期限一氣呵成。

舉例：今天某公司舉辦一門六小時的激勵課程，會後公司主管宣布明日下班前，凡繳千字以上課後心得報告者，公司就會撥付每人一萬元的激勵獎金。第二天幾乎人手一份報告，渴望領到獎金。但如宣布的是，在一個月內上繳千字報告者，均可領獎金，那麼，絕大多數人都會把時間拖延在 20 幾天後或期限前才陸續交出報告。概念就是自己能有多久時間就會拖多久，一針見血很寫實。

再例：每年跨年、新春，很多人都會許願、設定新目標，期許今年要更努力提高績效、爬五座百岳、挑戰 101 登高、泳渡日月潭、日背五英單、日均運動半小時、瘦身十公斤等，每個人立下的目標都很豐富、很合理。但時間總是不等人，滴答滴答一天天地過去，年底總驗收時，通常達標率都是滿江紅。於是又在新的一年交替時重啟新目標，但跳票的戲碼總在歲月中重複上演著。

「希望與目標」的落實要從慾望轉至行動！短至每天、每件事都要限定時間，且每次都專注做一件事，例：上午 9～10 點整理資料、10～12 時拜訪張三、下午 14～16 時拜訪李四、晚上回報等。再例：你計劃寫 100 篇的短文出版成書，預計一年內完成，如此一來，你可以計劃每天至少寫一篇，三個月後完成 100 篇初稿，再花百天校稿修正，剩餘天數與出版社商研封面、封底設計、排版、校對、申請國際書號、印刷、出版與推廣，這種具體計畫非常重要！

想想，你過去積極想做而未完成的事，是不是拖久已被淡化或遺

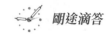

忘？世上最容易、最不費力的事就是自我妥協與拖延，點個頭即可完成。千萬不要慣壞自己，等一下、明天再想、下次再說、還有時間、沒完成是因為……藉口一堆。只要對己加分、合理、有能力的事，要一氣呵成，馬上行動，堅定執行，丟掉手邊的不重要，如：滑手機、聊八卦、追劇、吃喝等。

養成給自己承諾兌現的好習慣，給自己加油，千萬別說我不會、我不行；你可以、你行，你是最優秀的，記得，重要的目標一定要「限定最後期限」，把《蛔途滴答》這本書限定時間嗑完，來驗證激發正能量也算喔！

老古說人生
世上最容易、最不費力的事就是自我妥協與拖延，點個頭即可完成。

34

差異化

差異化：創新或開創自己的獨特利基、競項優勢，對手有的，我比他優；市場有的，我創造與眾不同把距離甩開！

例 1：易開罐留置式拉環：易開罐早期都是分離式的拉環，隨拉隨丟到處都是。寇德席克在 1960 年發明留置式拉環（1975 年申請專利），至今所有易開罐都在使用（屬美國 Alcoa 鋁業公司），不但減少垃圾，也避免有人割傷手，更不用在喝飲料時傷腦筋如何處理拉環。這項特殊差異專利取得至今，對手都難以撼動。

例 2：王永慶經營米舖：很多人都聽過王永慶賣米的故事，時光倒轉回到農業社會，當時多數的家庭都沒有電話，家裡只要沒米煮炊，無論白日晚上、颱風下雨，都得出門去米舖買米。1933 年當時 16 歲的王永慶向父親借了 200 元創業，三兄弟開起米舖。從挨家挨戶推銷，到推動送米到府服務，先把客戶家米缸的舊米倒出來，順便把米缸清理乾淨，然後再倒入新米，最後疊上舊米，以便優先食用。他們並沒有馬上跟客人收費，等下回送米或客人領薪時再結舊帳，給客戶極大的方便與彈性。並以帳本記錄管理，包含家戶口、作息、時間、貨量等，時間一到自動送米到府，無須客戶再千里迢迢費心耗時走一趟！

另項差異是，當時大米加工技術不是很成熟，出售的米粒中常會混雜米糠、沙粒、小碎石、異物等，這是很正常的現象。王永慶為了

提升米舖的競爭力，每次出貨前都會把米中的雜物盡量挑乾淨，這差異性的服務，在當時特別受到廣大客戶的肯定，於是逐漸打開米舖的知名度！

請問，如果王家銷售的米與同業賣的米，品種與價格都一樣，你是客人會選擇哪一家？我想多數人都會選擇同價、優質、省時便捷、花錢當大爺之感的「王家米舖」！也由於這種經營態度與理念，奠定他日後木材生意及台塑集團領導管理的基礎，把事業經營的是如日中天，「台灣之光」孕育而生，躍上國際舞台至今！

補充王永慶一個小故事，他創業時身上總是帶著三包煙：555、長壽與新樂園。遇外國客戶會請他抽 555，本國客戶就請他抽長壽，自己總抽著最便宜沒濾嘴的新樂園，代表他重視客戶比他高階。

例 3：餐館：常聽聞一家人歡喜到餐館用餐，卻吃出一肚子氣來的故事，尤其母親節、父親節這二大節日國人越來越重視，許多家庭總會相約當日或提前 1、2 週團圓慶祝。每逢這二個重要節日的前三週，熱門餐館總是門庭若市、應接不暇、客滿爆桌。

有些餐館因內管或臨工沒做好 SOP 訓練，常出現菜色上錯或漏上、我先到別桌的菜卻先上、吃完 1～2 道菜，下道卻等半小時、上菜順序雜亂、算錯帳等現象。客人雖心中鬱悶，但也大多抱持算了下次不再光顧，當作花錢買經驗的心態。結果換了張三、李四的店，又再遇上同樣的服務出槌，最後乾脆提前一個月餐敘或在家自理，避免花錢受罪！當然也有不錯的餐館，員工訓練有素、親切有禮，還是要給予高度肯定！

有間餐館觀察出此種現象，設計一套差異經營模式。當客戶點完菜後服務員就會把桌上的「特殊沙漏」倒放過來，如果廚房在沙漏結束前沒把菜上齊或漏上、上錯，當次消費一律打八折，形成客戶期待

心理，希望菜上慢點或疏漏就有折扣，變成菜上太快反而失落的反差，這家餐館經客戶口碑相傳，生意常是高朋滿座，創造出雙贏之局！

例 4：管理：許多剛到落後國家設廠創業的業者都很苦惱，因當地多數人都無時間觀念，遲到幾小時已經算很給你面子；有些工作半個月領完薪資就消失，等錢花完才又回來上班；還有人罵了就跑。

有家企業為導正觀念，向員工頒布福利制度：1.準時上班者另有獎勵；2.每月全勤加發全勤獎金；3.年度績優者舉辦活動公開表揚。此舉，讓員工逐漸產生高度的榮譽感，親友也與有榮焉，進而帶動守時守律的風氣，提升公司作業效率。

例 5：好市多 Costco 是非常成功的案例，正常下購買日常生活用品，消費者要先付費成為會員才行，一般人的直覺都會認為好市多瘋了，顧客怎麼可能買單。但好市多反其道而行，成功做到會員收費制度，此經營策略概念就是薄利多銷，把毛利壓低回饋顧客。

銷售商品雖只有約 4000 種，但商品質量都是經嚴格挑選、經濟實惠，高度取得客戶認同，因而提高物品流通與去化率，這是與上游廠商壓低價格的超級籌碼。此舉反提高客戶忠誠度與回流續約率。它每年營利約有 70～80%來自會員所繳的會費，真是個奇蹟！且會員是心甘情願買單，每年會員人數還持續成長，正因為顧客覺得到此消費物超所值、超級划算！

例 6：洋酒行：有位酒客，長期與二家洋酒專賣店訊息互通，A家每月新酒資訊會完整提供，唯一就是價格要個別私LINE洽詢（市場多屬此），有時問到不好意思，勉強買了幾回。而 B 店每月不但提供即時資訊，且直接公開每一品項各式新舊酒類的價碼，不怕客人比價。

經客戶一段時間測試與比較，A 家價格要私詢，且同品項大多貴 B家 5～10%；而B家為了高效，直接公開價格，省去與客戶來回詢價

的時間，經這位客戶過濾幾次確實 B 家較划算，且免詢價、不尷尬、買多還可議價。顧客之後有需求都不問 A 家，直接與 B 家下單，還介紹許多親友訂購，同款的酒你會選擇哪家？誰的生意好呢？

例 7：「杜拜」地理位置沒有特殊的優勢，且放眼過去是一片沙漠，它是如何打造成為世界發展最快的經濟體，成為全球矚目的沙漠城市、世界貨運樞紐、旅遊勝地？

其關鍵就是用心打造許多矚目的世界第一：世界第一高樓「哈里發塔」，總高 828 公尺（杜拜雲溪塔約 1300 米，210 層樓高，一旦峻工，即將取代哈里發塔）、世界最高級會展中心、最高級及最大的飯店、超大購物中心與遊樂園、舉辦許多世界第一活動，因而聚焦受寵。

例 8：某班一直保持該校全年級第一績優的表現，其中一項差異就是「擦黑板」，正常每班擦黑板的都是值日生，或是未繳作業而被老師處罰的學生，總心不甘情不願地草率服務。而該班老師規定，由績優的同學擦黑板，榮譽心使然，總會擦得特別乾淨，因而提高學生爭取榮譽向上的動力。

例 9：有位自營園藝的高手，有回在飯局上分享，說很多人嘴上說景氣不好、生意不好做，他說：「就不要給我打進去，一旦客戶比較過我的品質、價格、專業、服務態度後，生意絕對綿延不絕！例我最近服務台北某透天豪宅社區，在第一個客戶口碑相傳下，就接單 10 幾戶，後續緣故引介仍延展中。」

踩著前人的腳印前進，你最多只能是亞軍，任何商業模式都建立在需求與交易上，因為有住的需求，所以要買房、換房、租房，而經營者可從單純的服務客需到創造客需。

以上差異案例都是同樣觀點，以顧客利益、榮譽心、消費者心理與便捷性的需求角度去開創，從而獲得認同的成功模式。

35

時間觀

　　有位激勵大師，開場前都會習慣問學員工作辛不辛苦，多數人都會說很辛苦！但工作的目的是什麼？為讓自己、家人、妻小過得更好；讓周邊的親友以你的成就為榮；為自己的簡歷，也為未來的事業做鋪陳，所以，工作是成功人生必經之路！

　　我們一生中「工作精華期」約 30 年，介於 25～55 歲間。這中間扣除睡眠、休假與休閒時間，真正投入在工作約只有 10 年，等於 87600 小時，日均上班工作 8 小時的概念。這精華的十年，如果上班總不專心、老習慣喝下午茶聊是非、滑手機混日子，而對手則專注於事業發展，試問，積累下誰的成功機率高？

　　時間往回看，總會有很多錯過的遺憾，過去如跳票已不重要，要把握眼下、此刻及未來期票的控制權，切勿於退齡近了，才開悟要勤奮工作。花有重開日，人無再少年，年紀大騙不了人，你的優勢除經驗較豐富，其他如器官功能、體力、外表、企圖心、榮譽感、靈活度、競爭力等，樣樣都遠落後於多數優秀的年輕人。年紀越大所分配的資源自然越少，因為你已享受過年輕時的紅利。

　　當你步入中年還沒積累足夠的退休存糧，心想重新歸零打拼時，你要如何跟年輕人競爭？任何公司看到你超過 50 歲的履歷，無論你過去如何豐功偉業，就先把你的資料擱唉旁，可能連面試的機會都沒有，

除非你有特殊技能或靠人脈。

例 1：有兩個業務，業務 A 習慣於每日上午九點開完會到附近早餐店用餐，打怪、摸魚到十點多。今上午 10 點剛好安排拜訪一位客戶，11:30 訪客結束返回公司後已臨近中午，他開始想午餐要吃雞腿飯、自助餐還是牛肉麵，這是他長期養成的習慣。

業務 B 習慣早起在上班前用完早餐，早會後直接出發執行前日所安排的行程。今上午 9、10 點分別安排二個訪程，同樣於 11:30 完成任務回到公司。距午休還有半小時，於是充分運用時間，新增碎片行程，到附近社區發 DM 找商機，直到 12:30 完工才買個簡餐回公司用。

以上是 A 與 B 的日常工作行程，無須動腦用腳趾想就可預判，積累下日後誰的成功機率高！

例 2：國內有位 80 幾歲的富豪慈善家，有回受邀與學生青年座談。結尾 QA 時，有幾位青年代表提問：「○伯伯，您現在是公認的全國首富，我們都好生羨慕，請問富豪生活跟我們一般人有何不同呢？」全場期待解答。

這位富豪回答：「我的生活非常簡單規律，每天工作、吃飯、運動、睡覺。這世上最公平的就是時間，你我都一樣一天 24 小時。至於你們羨慕我如何成功富有，其實我當下反而羨慕你們都還年輕，充滿生命力，我願意把所有資產無償奉送給你們，讓你們成為身價千億的富豪，但你們必須跟我交換歲月，我變回 10 幾歲的青年，而你們成為 80 幾歲即將凋零的老頭」，請問排除他因，正常情況下有沒有人願意，當下同學們經沉思後，沒有一位同學願意交換。

富豪結尾說：「我要表達的意思是時間比金錢重要，這麼多錢做交換你們也不願意。所以，你們日後一定要重視時間，善待每個今日，你把時間花在有意義有價值的事上，它就是鑽石；你把時間虛耗浪費，

就是糟蹋光陰與生命。」

歲月價值：國小時班上有個超級班花，是許多男同學心儀暗戀、入夢鄉的首選。畢業 30 年後，有回某男同學到保險公司繳費，剛好服務員的名字跟小學女神相同，等待叫號時看到牆上的證照年齡也差不多。心想這有點肥胖、臉部暗沉、些許皺紋、頭髮有些白絲的服務員應該只是名字恰巧相同吧！

於是輪到他時，開始探詢這位女士就讀的學校與班級，一問之下竟是同一位，心中大吃一驚，曾經的女神經過歲月的摧殘，竟變得如此態樣，童年的幻夢瞬間轉為殘夢。這女同學也夠狠，因看對方頭頂微禿，剛進門時竟然直稱人阿伯，詢問有何需要服務的，只能說，歲月真的不饒任何人啊！

時間毫無彈性，無論需求多大供給都不會增加。

時間花在哪，成就就在哪；

把時間用來喝酒，成就了酒量與酒鬼！

把時間用來抱怨，成就了曠男怨婦！

把時間用來挑剔，成就了尖酸刻薄！

把時間放在養生，成就了身心健康！

把時間用在家庭，成就了親情！

把時間用來提升自己，成就了自己的夢想！

每天代價都比前日高，因為生命不斷縮時流逝；每天都要認真，它會因積極與消極開出不同的果；真正的對手非他人，是自己跟時間，要做自己最佳時間管理的建築師。

日有東升西落，月有陰晴圓缺；季節春去秋來、萬物生老病死，這乃萬象之循律。你是把時間賣給別人，還是留給自己？惜時的人會覺得時間不夠用；而出賣時間之人，總覺得度日如年，等下課、會議

結束、下班。

　　小時候師長常說，一寸光陰一寸金，千金難買寸光陰，你不能改變過去與控制未來，一個今日抵數個明天，今日不努力，勿寄望於明天；生命只有單程沒來回票，你有認真重視嗎？秒、分、時、日、月、年，時間單位總在流淌與閃現中而逝。

　　今天不走，明天就得用跑的；盛年不重來，一日難再晨，及時當自勉，歲月不待人。運去的黃金會失色，時來的鐵樹會開花。時間是生命的必備原料，熱愛生命就別浪費，要分秒不空過，步步踏實做，善待最公平、最寶貴、金錢買不到無價的「時間」！

 老古說人生
每天代價都比前日高，因為生命不斷縮時流逝；每天都要認真，生命會因積極與消極開出不同的果。

36

高手套路

　　套路，指有計畫、技巧達到目的之戰術，也稱耍心機、手段、設陷阱。武術套路，是一套內含技擊攻防，複雜與臨場應變的動作組合。戰術，是執行任務的枝節；戰略，非指一個完美的理想，而是資源聚焦，做一件事的態度，亦是目標協調整合能力，關係著過招之生死。

　　套路是競爭生存的技能，也是人我互動的藝術美學！這世上充滿算計，對手時刻都在試探你、打量你、套你入甕。面對人生擂台的各種挑戰，除要保持專精特長，亦要具備機靈彈性的應變之能。

　　高手：如葵花寶典加持，他面無表情、不動聲色、笑裡藏刀、深藏不露、見招拆招、難以捉磨、留一手、不按牌理出牌。施崇棠有一套空破論，空，指忘記現有成功；破，乃想盡辦法超越一流高手。

　　拳王：在擂台上當我設定重擊時，我會把著力點放在目標一尺後，當命中靶心時，KO 的力道會倍增。

　　舒適區：指在現有適應的環境、熟悉的人事地物等框架內，沉醉滿足在當前已長內，讓你保持在放鬆狀態，停滯成長。恐慌區：懼怕陌生、恐懼不熟悉的環境，抗阻涉獵新事物，導致遇激變時重傷或被擊倒。賴著舒適區害怕進入恐慌區挑戰的人，總自處於固態的小圈子，必需打破此界「躬身入局」，提高走跳社會生存的技能！

　　農耕時期只要勤奮，把熟悉的技能苦幹練透，種瓜得瓜、種豆得

豆,簡單的事重複做就能餬口溫飽!但面對當前虛實的社會,虛虛實實、實則虛之、虛則實之、爾虞我詐的環境,哪怕是過去的王牌農夫,放到現代高張力的都會區、科技業也難以生存,他不識字、不懂電腦、不善於虛假與溝通。

一個緊張結巴的講師如何上台聚焦,沒有一招半式的生存套路實難在江湖闖蕩。當套路任督二脈貫穿打通,技法越純熟,在百業萬商裡就越吃得開!

套路模塊:首要把主目標打模清楚,再拆解成數個小模塊加以組裝。例如蓋房子,建築師與業主會商議設計打模,再細分營建、水電、門窗、電信、內裝、軟硬體等逐一分工協作。當碎塊組裝完成就成就一棟宏偉的建築,就是原有設計的模組!經典協作案例:新冠病毒疫情肆虐期間,中國的火神山、雷神山二家醫院,從興建到完工只花了8～10日,分工套路之流暢與完美,堪稱世界之最!

再例:把有用的技能,刻意反覆訓練成精,你看那些快手包餃子、切肉片如紙張、切薑絲同時還可與客人對話的行業高手。世界各項頂尖的運動員如NBA、大聯盟球員,他們的訓練過程都是經過拆解,針對每一個環節反覆錘鍊,以各高難度的角度、走位、仰投,把各部位肌力、體能、肺活量、臨場變化來回細雕。中國田徑選手劉翔每段肌耐力訓練都以千次起跳,其他如神槍手、攀岩、舞蹈、雜技高手,哪一位不是久練成精?所有樂師、武師又何嘗不是,貴在堅持。他們有個共同點,就是把它融入體內,變成甩不開、奪不走、丟不掉的基本盤,緊抓不變自有的技能優化升級。

光懂套路還不行,要找到適合自己、符合趨勢需求的學習模塊,加以反覆、大量、針對性、堅定持續地鍛磨,方能成為令人敬畏的高手!

學習實用技能,以應付不同挑戰與模型,例:品嘗文章要勤作筆

記、建檔、運用；如果只是聽讀，效果不會彰顯，必須要在生活人際鏈中實心運用，不然只會隨時間沖刷慢慢淡忘！

未來可能的兩種人，第一類是躺在科技工具便利上睡大覺、享受，讓網海逐漸削弱自己原有功能的人；第二類是帶著科技工具去探索文明趨勢的新邊界，創造無限可能，突破奮進的人。

比爾蓋茲每年要看 50 本以上的書，常利用睡前一小時，一旦開始就會把書讀完，並在書頁空白處作筆記，成為自己的智財寶庫。臉書執行長祖克伯每年都會設定不同的成長模塊，如閱讀、學中文、跑步、開發新點子。Google 搜尋引擎廣告核心策略是讓訪客快進快出，與時俱進，優化開創！

山高自有客行路，水深自有渡船人，要贏別人必先超越自己，你才有資格上擂台與高手過招。你不一定每項都要拿博士，但至少要成為某領域的頂尖，如貴州茅台也賣過紅酒與啤酒但都沒成功；食品、電器商想征服手機市場，難度自高。

要抗拒做小事的誘惑，不要跟胖子比苗條、跟小孩比腕力；不要紙上談兵，要直接面對市場、直球對決，與強者過招才會變高手。葉問秉持中庸之道，剪枝蔓、立主腦。對李小龍來說，最好的防禦，是在防守的同時做攻擊。學游泳，不要在路上學，要在水中。畏戰先輸、先怕先敗，各產業、群體生態均同。

對的事重複做，就是專家；重複的事用心做，你就是贏家。

老古說人生

對的事重複做，就是專家；重複的事用心做，你就是贏家。

37

高　效

　　時間，是人類除平安康健外最珍貴的資產，你我每天都是 24 小時，積極的人總會認真面對！每件事都可藉最佳工具，以最短的時間、最優的方式、最好的時點，以高效來執行完成。

　　智能產線遠勝傳統人力；雨天騎車良具是雨衣、拖鞋，實用度蓋過高級名牌服飾與皮鞋；穿破布鞋運動亦可 KO 名貴包鞋；塞車時千萬名駒也無用武之地，遠不如一台鐵馬便捷！

　　小張平日上班開車約 40 分鐘到公司，前晚因車子故障送修，所以隔天提前二小時從家裡出發，先坐公車到火車站，再搭火車過二站下車，距公司還有 5〜6 公里。搭計程車因為太貴故不考慮；接駁公車沒坐過，坐到哪一站？行進路線？怎麼搭？網搜一堆說明因看不懂也放棄了；收費公車站附近就有，但因班次太多眼花撩亂，不好意思問也排除了。最後決定走路到公司，一路走到公司花了 90 分鐘，所幸他是主管不用打卡。

　　到公司門口時看到公園旁的YouBike，心想，早知就從火車站騎它到公司，就可省下約 1 小時的時間！話雖如此，但沒騎過也不知如何借還，最終還是放棄。但心中有了此想法，當天回家做功課，以悠遊卡完成登記並試騎，此後有些短途行程，便習慣用 YouBike 代步。這寶貴的經驗，讓小張生活中獲得很多方便性，尤其是都會區車位難尋

時，是一項方便又健康的交通替代工具。

　　現實生活中許多人仍很守舊默傻運轉，從不思取科技進步下的連結、資源與捷徑，往往造成許多時間的浪費。現在很多醫院都開放網路掛號，但有些中老年者還是很傳統，一定要到現場排隊掛號，等2、3 小時，實在浪費時間。生活中人脈、網路、媒體、公部門及高效器具均可善用，不進則退，你不讓自己武裝起來，競爭力就會逐漸流失與倒退！

　　每個人每天都有無數的大小事待辦，可依輕重緩急分級歸類：1.重要一定要馬上辦的；2.可稍緩的；3.可授權別人或透過輔助工具的；4.沒營養可刪除無須理會的。網路世代人們花太多時間在垃圾訊息接收，浪費生命！

　　早期武俠片，通常會出現正反派狹路相逢的情節，類似台詞往往是「天堂有路你不走、地獄無門你闖進來、今天你的死期到了、你也不秤秤幾兩重」，在廢話一堆後，才各自暖身擺出架式，過個兩招再講些廢話，叫喊著納命來！

　　而李小龍武學就不同，他不跟你囉嗦廢話，他讀心、觀眼、嗅肢，敵不動，我不動，敵欲動，我先動，當對手準備出招，他已讀出對方的眼神與肢體動向，瞬間出擊他一手擋、一手攻，一氣呵成，敵人正要說「你……」就已被龍哥擊倒，這就是「截拳道」快狠準的高效武術技能。

　　事半功倍與事倍功半是兩種截然不同的概念：前者是，用一半的力量就能獲取倍增的效果；後者是，用二倍的氣力才能完成一半的成果。任務出征前，先思考有無更便捷高效的方式；任務後檢討是否還有再昇華精進之處。「一兼二顧摸蛤蠣兼洗褲」一說出自農業社會，以前生活困苦，農忙撈蛤蠣時，順便以大自然資源清洗褲子。也可適

用在其他地方,如到台北訪客,順便過濾有無他客或老友可兼訪;到市場買菜,可順便加油、領錢、繳費;業務上下班可沿路掃街、發DM、塞信箱,簡單道理多用心思,必能提升高效產值!

工具精進:健身有輔助器材、清潔有各類高效潔器,總不能還用牛犁田、用蓑衣當雨衣、徒手插秧、人工織衣。要與時俱進,當別人還用BB Call呼叫時,已有人洞察商機使用黑金剛行動做起生意,這是超高效的行動思維。生存了幾億年的生物「藤壺」亦懂得運用現代工具,吸附於船底輕鬆靠浮游生物存活。

高效觀點:具規模的傳產廠,均會設計簡單快速的生產線製程出貨。IKEA有一種像漏斗上寬下窄形的馬克杯,它把僅容單指穿過的把手放到最上緣,看似不起眼、不實用,卻因可疊放減少空間,而提高物流容載量約60%,因而大幅降低成本,提升競爭力。

人類因科技折疊濃縮了時間,再也不用徒步千里,搭車即可;再也不用遠航行船跨國,搭飛航器即可;人類不用像獅子、老虎般辛苦狩獵只能生啃,我們有各式良器與佐料,能烹煮出各種美味佳餚!

提高產效:銷售十萬與千萬保單、百萬套房與上億土地,你選擇向哪項行銷挑戰?你要激發潛能,還是被埋沒一生?

影響高效

1. 評論與比較:別人不靠你活,論人長短不如取人之長、補己之短。

2. 責怪與抱怨:批判、找問題很容易,但無法改變現狀。要「人捧人高」,墊高別人、滋養自己。

3. 擔憂與後悔:事情發生前的擔憂與發生後的後悔,都只是自找

苦吃。

世上只有三件事：1.別人的事：跟你無關，你不要多管閒事；2.不可預測的事：每天擔心地震、風災、老公外遇、小三等，是多麼愚蠢傷身的事；3.自己的事：才能自己主導與操控。認真做自己，時間切勿浪費在無意義的鳥事上。

「高效」的六項助理：1.微笑：帶有引力；2.自信：散發正能量；3.學習：攻防利器；4.堅韌：積累厚度；5.傾聽：有利精準溝通；6.善良：加分助攻。

過去因資源有限，反會想盡辦法變通開創；當前資訊大爆發且資源豐富，用心組合就可能得到經典的創意，卻往往懶得用或錯用。

許多人對於生活總是用「我不懂、不理解、不清楚、不計較、隨便啦」被動地解決問題，而非主動化解或開創商機。《世說新語》有一句：「盲人騎瞎馬，夜半臨深池」，即對所處的環境缺乏認知，等於自陷於劣勢與險境。

生活中許多決策是治標不治本，重複來回虛耗，要懂得壓縮選項、排除無效，鍛鍊好高效思維與技能，它能為你節省寶貴的時間、提升生活與任事的品效、強化競爭的真本事！

 老古說人生

別人不靠你活，論人長短不如取人之長、補己之短。

38

假面具生存觀

　　處事之道，重敦厚、實在、坦白、正派做人、公正理事、不裝不假，但在五光十色的群海裡做得到嗎？難也！

　　假設夫妻正在吵架，忽然有位友人按門鈴來訪，夫妻倆通常會收起肅殺之氣，以僵硬的假面目，看似和氣的笑臉迎客。訪客即使看出端倪也會裝糊塗，設法提早開溜。選舉期間候選人四處造訪，即使你已有支持對象，也會給面子幫喊凍選、凍選，並祝高票當選，這是風度。這二例，彼此都戴著面具演戲，但也不能將之歸類於不實在、虛偽之人，過於無情。

　　在這複雜、看不透人心的社會裡，群聚之所合久必烏煙瘴氣！如果此生萬事都要以真實面貌呈現，那你這一生不知要得罪多少人、被貼上多少負面不合群的標籤。所以，人生舞台上大家都是演員，多數人都在扮演當下最合宜的角色，有時是熱情的配角，盡量去附和其他演員的期待，讓這齣戲得以功成圓滿！

　　世上只要有群聚或利益之所，無不充滿阿諛奉承、巴結、表裡不一、不得不假等戴著面具生存的人，這是對是錯，還真不好辨！多數人雖很不喜歡，但也不得不沾染些，不然很難在複雜競爭的群體裡生存，因為，許多老闆、高官、高幹、主管、社團領袖、朋友圈、客戶或黑幫老大，明知眼前的奉承虛假，也甘於享受蒙眼被吹捧的膨脹，

而這些吹捧能力特強之人，往往會獲得特殊的關愛與賞識，說穿了就是相互利用的心態。

說到古代帝王，就想到後宮佳麗三千，誰越能得到皇上的心，誰就越能提高翻牌率或得到特殊寵幸。所以，許多後宮嬪妃無不使出渾身解數爭寵、爭榮，在皇帝前把自己妝點成千姿百嬌、嫵媚撩人、聰慧賢淑、通情達理，然而後宮裡其實並不美麗，充滿爾虞我詐、明爭暗鬥、機關算盡、互相陷害，只求母憑子貴，鞏固權勢，號令後宮！朝堂上忠言逆耳，許多忠臣向上諫言，反為己樹立一堆敵人，也因有些皇帝無能，聽信王八奸臣、宦官讒言，忠良遭陷不及備載，如嘉靖年間的楊慎。

童話故事《國王的新衣》裡，國王被眾人蒙在鼓裡，大臣們怕惹禍上身，戴上假面具裝作看得見，紛表讚賞國王新衣工藝之美，只有小孩天真無邪、不假不裝，拆穿國王的假新衣。

職場上，許多部屬、員工為了生計，在老闆或主管面前，不得不面對現實低聲下氣，嘴上回應著：是、我知道、了解、受教、這決策太棒了。對上級政策有疑慮時，多數人也是選擇順應現實，表面支持贊同，因為，意見多就惹人厭，也可能斷送升遷的機會！

但，真實場景是員工躲在茶水間、八卦場、群組裡，把老闆、上級或公司制度批判得一無是處，這是假面具下真實的寫照！你看許多罷工事件，那些平日服從性高的員工都站出來聲援，控訴心中的不公與不滿，摘下平日戴慣的假面具！但你想，這相關人等罷工結束回到崗位後還有升遷機會嗎？至少特殊好康待遇機率會大幅降低。

有位主管，上級裁示某案績效分配，她在長官面前事事應允，極盡配合與尊重，但內心卻是極度不服與不滿，回到單位後負情緒爆發，當著全店同事的面詛咒相關長官及關係人，脫口而出的話超級惡毒。

面具前與後判若雲泥，待怒火平息了，同事與下屬又會怎麼看她？

人們常掛嘴邊，說著總統好、市長好、某某立委好、議員好、代表好、里長好、社區主委好、社團會長好、社長好、董仔好，但是，真的好嗎？大多都在做表面，哪天敗選、收攤或卸任，放下權力時，少了這些前呼後應、受人簇擁，這些人真能習慣嗎？所以，為何有些人總愛爭名奪利，就是喜歡被吹捧那種輕飄鑲鑽、貼金沾銀的滋味。

做面子：人際互動有時為了給對方面子，不揭穿他的糗態，所謂，人捧人高，人貶人低，不得不演，不得不假，堪稱高水平的人生競技場！

虛實面具：二戰盟軍策劃諾曼第登陸戰，此前德軍也得到情資，只是不知會在哪個灘頭登陸。盟軍登陸灘頭有二個選項：加萊與諾曼第，就路徑加萊距離較近，運輸與通訊較方便；而諾曼第距離較遠，且風急浪高、崖高礁多，無大型港口輔助風險高，不適合大部隊登陸作戰，德國也苦思如何押寶與布陣。

其實，盟軍早決定在諾曼第登陸，但是刻意在加萊對岸，以科技妝點假的儲備軍事基地、假坦克、假機場、假裝備、許多虛假的防禦設施，並以假番號佯攻欺敵。果然，德國最後把重兵押寶在加萊周邊防禦。開戰之初盟軍在諾曼第雖已浩蕩展開，德國始終認為那是盟軍「聲東擊西」的佯攻，最後勝負已載入歷史。其實，商戰也有很多虛實的攻略！

櫃姐：女客戶在百貨專櫃試穿，舉棋不定時，櫃姐通常會在旁鼓吹說：「這件衣服簡直就是為你量身訂製的，保證你老公、男友會捨不得把眼光從你身上移開。」她總不能說，穿在你身上像包肉粽很難看、不合身、眼光差，建議你換一套，此行銷面具本意為善，也是為生活。還有老婆試衣問老公好不好看時，多數老公為求自保，通常難看也會說好看，或說你穿什麼都好看，以敷衍避開雷擊，如實話實說

回家後就沒完沒了，這是陰陽調和的生存之道！

飯店：客戶因某事咆哮，公關即使很厭惡客人的無理取鬧，也會因服務業以客為尊及職責所在，熱臉貼冷屁股，盡量息事化解。

婚前婚後：熱戀中等待女方妝點 1、2 小時，是愛的假包容，婚後一切從簡、百無禁忌才是真；婚前謊話都是情話，婚後再多情話都是廢話；婚前看上眼，婚後看走眼；婚前是積德，婚後變造孽；婚前天長地久，婚後能撐多久；婚前是神話，婚後是笑話；婚前貼緊一點，婚後滾遠一點，這就是傳說中的愛情或婚姻墳墓。

委婉：親友、同學、同事、組織間，總有跟自己較不投緣、不契合的人，總不能把厭惡真實呈現，互動時仍必須做些正面的表象、彼此尊重，這叫圓融。對無感的追求者，一般也會委婉善意回絕，總不能跟對方說你非我的菜，這才是較真的世界！

人生百態：內心哭泣，表面帶著「微笑」；厭惡反感，帶著「奉承」；苦悶，帶著「歡笑」；低谷，帶著「自在」；傷痛，帶著「堅強」；商場，戴著狐狸面具！以上在人生不同舞台，不斷上演「強顏歡笑」，暗地裡卻唱著《小丑》、《鹿港小鎮》、《心事誰人知》、《酒矸倘賣嘸》！

回到現實如不戴面具，而把哭泣、厭惡、低谷、傷痛等不作假地自然呈現，你可能會得不到皇上的寵幸、長官的拔擢、友誼的永續，因為多數人對負能量都超反感，這是真的，除了家人或少數掏心的知己。

有一說，罹患憂躁鬱症的人，就是因為知道太多虛假背後的真相，無法適應爾虞我詐的世界而發作的，這不對要批判一下、看那不順眼就辭職不幹……最後演變成精神病症。所以，現實社會只有一個原則是不夠的。

接受現實、熱愛生命！在高速競爭的時代洪流中，有時不得不戴

上假面具臨演一番，這絕非壞事，而是一種競技的生存之道，當然，這是指在眾多群體互動真有必要時！

　　人生中在不同場合會遇到不同的人，自己千萬不要被他人催眠度日，固然有時必須戴上面具，但還是要懂得分寸拿捏，一天到晚戴面具度日或沉醉於受人吹捧，自欺欺人會太苦、太累、太假。

　　面對真實的自己必須除去虛偽，就像回到家卸下領帶、西裝、套裝、高跟鞋，那種自然舒坦、赤裸坦率，回到嬰兒般單純的真善美，以簡單、自然、率真，享受美好自在的人生！

 老古說人生

　　人生舞台上大家都是演員，多數人都在扮演當下最合宜的角色。

基本禮節

　　泱泱華夏為「禮儀之邦」，歷史淵遠流長，家之興替，在禮儀，不在貧富貴賤。「禮節」，是人我互動的禮規，謂禮制、禮貌、知分寸、懂規矩，是人類演化進程，與生俱來無須提醒就有自覺的處事態度。但現代人對基本禮儀、品格、善良、同理心、關心他人都有趨弱之勢。

　　有位母親說，外面補習班課程琳瑯滿目，都跟狼似的爭搶招生，課輔大多以應付考試為主。她的三個小孩從小就讀四書五經，培養深厚的中華倫理文化底蘊，從沒上過補習班，課業總會自主溫習求解，成績一直都保持在中上程度！從小在「禮學」潛移默化薰陶下，與長輩及他人互動深獲嘉評，很替小孩感到驕傲。

　　這位母親也觀察周邊，發現從小灌輸倫理道德的小孩不易變壞，總會扮演好適切的角色，如分擔家務、懂得謙讓、恭敬有禮、講信論理，因為他們內心已積累相當厚實的涵養，母親悟出人生禮道這堂課，遠勝於多數的課輔。人品勝過一切，許多企業徵聘也特別著重禮教與品格，優先聘用！

　　另一個場景，女兒感冒父親帶去看診，候診時女兒只顧滑手機，醫師問診時，女兒有氣無力低著頭應答，父親想女兒這個態度有待改進，看診結束請女兒跟醫師叔叔說謝謝，女兒仍不看一眼小聲回，老

爹有點火氣但忍了下來！

　　領藥空檔，父親給女兒機會教育，跟人對話不要有氣無力，一定要中氣十足、親切微笑、正眼看人，女兒只應了聲「喔」，父親刻意讓女兒自己領藥，結果領完藥一句謝謝也沒說轉身就走，父親再次機會教育：「阿姨為你服務要說聲謝謝，這是處事最基本的禮節！」女兒依舊回：「喔，好！」這種場景充斥在我們周邊。

　　許多大學畢業典禮，常見畢業生穿夾腳拖、短褲拍團照或上台領獎的畫面。總統府有回召見優校球隊，部分球員在此最高殿堂仍穿著夾腳拖、涼鞋晉見元首，顯得有失莊重負評湧現，但球員覺得穿得舒服就好，不以為然。自然輕鬆是沒錯，但要看場合，如奧斯卡嘉賓穿著短褲、涼鞋走星光大道、上台頒受獎，感覺就不搭、有失星味！

基本禮節

1. 尊師重道：重倫理，對長輩、長官應親切有禮；向長輩請安時，勿直呼其名；優先禮讓；主動招呼客人，「父母呼，應勿緩」，然而很多是叫也叫不動，常拖泥帶水心不甘情不願地應付！

2. 生活禮儀：坐有坐相、對長幼、女性尊重，如搭車、搭電梯時，優先禮讓老弱婦孺進出。

3. 職場禮儀：職場是多維度的競爭環境，在接待握手、互動時要真誠，正眼注視對方；雙手遞名片；倒熱茶、咖啡以 6、7 分滿為限！要有先來後到的倫理觀念、主動任事，不計較，把吃虧當進補，樂於出公差、搬東西。

　　人人都在看，當有機會進階時，你的機率自高。離職或分手

時，以禮為始，以和為終。切勿心態傲慢、自私、目中無人、心胸狹小、被動任事。

4. 社交禮儀：參與婚喪、社交活動等場合時，穿搭需得體；參與會議忌遲到、吃飲、滑手機、回訊息、講電話、嚼口香糖等行為；會後應把垃圾收拾、桌椅復原。

5. 餐桌禮儀：飯桌上菜主動接應，並轉至長輩或長官前，長輩取用前勿先開動、勿狼吞虎嚥、音量放柔、動作放小、餐後幫忙收拾。酒席上輩分小自該負責斟酒。

6. 其他：生活中的人我互動……

態度看手勢，家教看姿勢，父母很重要。有對夫妻帶小孩到朋友家做客，小孩在友人家客廳的高級沙發上玩耍蹦跳，把酒櫃裡的高級藝品當玩具，父母不制止並放任孩子恣意玩弄，還忙著拍照貼文，主人不好意思開口制止，但內心只希望友人趕快把小孩帶回，門鎖起來，切勿再訪！

還有一種人，一通電話也沒知會，就唐突到親友家造訪，且久坐不走，主人禮貌性請他留下用餐，還真的留下，臉皮之厚！現代高競社會大家都忙，哪這麼多美國時間來陪你耗，煩死了！

用人一斗，當還超斗，與人借車，歸還自當添油並理淨；受邀赴宴，要適當回請，收禮亦知回禮；欠人情更要懂得知恩圖報。任何競賽不論勝負都該給予祝福、行禮互敬，這是風度！

有位董娘去參加社團烤肉活動，自以為是美的聚焦，全程只顧自己妝點美化、拍照打卡，不幫忙烤肉就算了，過程中還拿著碗盤，到各攤打轉，逢人就問肉烤熟了嗎、可吃了嗎、可以幫我留支雞翅、蝦子、玉米、香腸、香菇嗎……吃飽後拍拍屁股，留下一句這裡蚊子多，

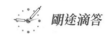

先回木屋吹冷氣休息，完全沒想過要幫忙收拾善後、連一句謝謝都不會說！這位董娘只有身分高，情商卻很低，其他幫忙烤肉服務的團員，大多也是有身分地位的上流人士。此行為絕非偶發，是長期被慣壞，人際關係差矣！大家是因給她老公面子或為了和諧、修養高而不說而已，此行為真令人吐血。

有位帥哥在 51 歲重要生日前，宴請家人及老婆娘家親友。餐宴上某侄兒攜女友赴宴，每道菜都當同桌人的面評論，這道還好、這不好吃、這很難吃、邊吃邊擺臭臉，究竟是主人家的誰得罪了她來著？來者雖是客，也要有客人的基本教養，沒下次了。

所謂誠於心，形於外，禮道可為己加分，在他人心中留下好印象，做起事來通常順風順水、左右逢源、八面玲瓏；反之，口無遮攔、儀態不佳、頂撞無禮者，很難受到他人尊重與肯定，難免左支右絀、作繭自縛、四處碰壁。

互動：常說請、請問、感謝、麻煩你、請稍後、不好意思、非常抱歉、借過一下；問安：你好、早安、晚安、祝您有美好的一天；以禮相待：請坐、你先、我來、我幫你。

當素質與文明根植於心，你眼前的世界會截然不同。我們常說四維八德，四維，是「禮義廉恥」，八德，是「忠孝仁愛信義和平」，這十二字乃處事之本。知禮之人，象徵知書達禮、端莊出眾，無形中匯聚成人生競爭的利器，這無須成本，由內而外、調好態度、養好習慣即成，尤其是潔淨未染的新世代，應從家務擔責、良善禮道培養起，勤耕福田、播灑善種，將來必能成為人中之龍鳳。

40

情緒觀

　　二十世紀三大疾病：癌症、腦血管和心血管疾病。世衛稱憂鬱症可能成為人類健康的第二號殺手。2020 年全球估計約 35 億人患有憂鬱症，占全球總人口約 45%。每年因躁憂症自殺的人超過百萬，而且有逐年增加之勢，這是地球村全體要面對與解決的重要議題。

　　你我或周邊的人，可能已有此症狀而不自知。有項特徵很多人身上都有，就是動不動就怒氣衝天、鬧情緒或閉鎖成宅男女，經長時間積累，就可能演變成難以自控精神性的相關病態！

精神相關病徵

　　憂鬱症：坐立不安、提心吊膽、暴飲暴食、食慾欠佳，常感疲倦失眠、虛弱無力、無精打采、罪惡感，自覺是沒用、沒價值的人、精神不集中、記憶衰退、判斷力差、難下決策、行為躁動不安、心情低落、容易傷心、自卑、難過，嚴重者還有自殺念頭。

　　躁鬱症：時而憂鬱時而狂躁，此兩種特徵不斷交互出現，又稱雙極性疾患（bipolar disorder），體內出現狂躁與憂鬱兩極的情緒現象。

　　焦慮症：總是極度害怕有事發生，例：子女夜歸未返、怕鬼神、遭劫等聯想。

恐慌症：不可預期心情起伏的反應，嚴重者有瀕死的懼怕。

強迫症：重複不願意的想法或被迫的行為，例：反覆洗手、翻找櫥櫃、皮包等。

精神分裂：是種重大精神疾病，症狀有思考方式及情緒反應出現崩潰，常見包括幻聽、偏執、異常妄想及雜亂的言語思維，社會及職業功能都會退化。

人一但生活方式出錯或與重要人事物連結遞減，就容易產生精神病症。

場景

加油站：許多加油站會配合政府，輔導弱勢族群提供就業機會，如聘用過動兒來負責清潔與洗車。某加油站，一早員工如常清掃廁所，有位騎士進來方便，由於員工（過動兒）拖把沒扭乾，水花剛好濺到這位騎士的新鞋及褲腳，騎士瞬間飆罵三字經並踹上一腳，旁人苦勸無效，騎士不但不理會還更加打罵，站長及同事紛紛趕來排解，怎有此無憐憫心的臭人！

銀行櫃檯：有位中年婦女到銀行辦理帳務，因資料不符規範無法辦理。女士不顧形象，在現場一堆人前，以尖銳的嗓音大聲斥責行員，員工是新入行的小女生，不知如何反應當場淚崩。女士更加猖狂，飆罵員工哭就能解決嗎、請經理來……現場一陣尷尬，真為她抱屈。

公務單位：有位阿伯辦理稅務自己證件沒帶齊，卻惡人先告狀，髒話連發，控訴機關單位無情，連老人家也不能通融。某公署因夏季節電，冷氣要室溫 28 度以上才准開啟，有位民眾因太熱焦躁，爆罵行政人員是米蟲、飯桶，超沒品，任何溝通都聽不進，活在自己的世界！

列車驗票：前不久一則讓人心痛的新聞報導，自強號上一位男子驗票時被查出無票乘車，車長請來鐵路警察支援，男子一時氣憤不過，以預藏的小刀捅向年輕的鐵路警員，造成動脈刺穿失血過多而亡。常有列車驗票，乘客情緒失控現象，動粗、羞辱，真令人不解，為何無法大化小理性溝通？

欺負弱小：有位中年男子路經某公園，有隻小狗對他鞋子聞舔並吠了幾聲，男子竟以隨身的手杖把狗打死，說怕被狗咬傷會破傷風，女主人來不及制止眼睜睜看著寵物被打死，難過到放聲大哭，世上竟有這種畜生，狗兒吠叫只是天性，竟容不下。

男女感情：有位男大生暗戀隔壁班的女同學，某日竟衝動持刀跟蹤，目的是搶女同學手機加他的LINE，真病得不輕，小夥子人長得還蠻帥的，追求手段卻一點也不帥。某男女因網路互通認識數月，男子一廂情願，因履約不出女方，竟埋伏將女方砍至重傷。還有聽聞男友求復合不成，潑灑化學液體致使前女友毀容，再補上數刀致死，自己最後自殘身亡。

遭逢挫折：有位職業婦女中年遭公司裁員，因上了年紀找工作不順。由於過去生活都以工作與家庭為重心，少有參與社交活動。家人發現近來總悶悶不樂、話不多。有天國小女兒察覺媽媽行為怪異，朝家裡頂樓走去，女兒深感不安偷跟於後，果然母親到頂樓時，作勢翻過圍牆往下跳，女兒見狀哭著抱住母親並大聲求救，樓下鄰居聞聲火速奔上頂樓才順利解圍，這是閉鎖情緒未得到釋放，內心總自責對家裡是負擔、沒貢獻所致。

綜合場景：社會新聞層出不窮，如虐兒、欺老事件；酒店狂歡被朋友嘲諷酒量差，把朋友的腿打斷；開車被按喇叭，用鋁棒把對方的車砸爛；路邊跟老婆吵架，竟把無辜騎士刺死洩憤。路人擦肩瞄一眼

就不爽，糾眾以棍棒把陌生人打死，有些還是誤認，事後沒人敢認下重手，真是小孬孬。

無敵之人：指無工作、無收入、無財產、無朋友、不開心之人，或不與人打交道宅在家裡的未爆彈。日本曾爆發宅男持刀隨機砍殺學生致死案，只要是人都不能離群索居、生活不能沒有重心！

離婚：一對夫妻有回為了小孩要看哪家診所起爭執，老公以理溝通，老婆卻因情緒失控，一陣無理取鬧後，脫口提離婚，老公受不了長年積累、反覆上演的夫妻吵架，隨即擬稿，倆人就在氣頭上簽字離婚了，其實平常彼此還蠻恩愛的，雙方忘了給己留台階。

據說美國警察執勤最危險的時刻，非在街頭警匪追逐或處理黑幫衝突，而是到府排解夫妻糾紛，因為人情緒一旦失控，就會找出口宣洩傾倒。人的心，由愛生恨會很可怕，只想著報復，原先親密如夫妻、情侶、閨密，一旦情緒上來，都可以翻臉變成陌生人，甚至仇人。

以上這些主角肯定都存有潛在的憂躁症，一點小事真能引起這麼大的仇恨與難關嗎？情緒平復後再稱說自己其實病了，就沒事了嗎？不會，那些人被釋放出來後仍會繼續起笑發瘋！對於糾纏不清之事，弱者選擇報復，強者選擇原諒，智者則選擇放空帶過。

生氣時勿下決定，因為往往下的決定都是衝動的、錯的，情緒來時先處理心情，再處理事情！

有位仁兄小柯，某日幾位退伍多年的同袍相約北上來訪，小柯為盡地主之誼，在家設宴擺桌一同把酒言歡。很快地一箱啤酒喝光了，小柯隨即騎車再去買一箱，酒拳痛飲盡興下又喝完第二箱，小柯怕招待不周，準備騎車買第三箱，但母親想，哪有這種喝法，會出事的，於是搶下鑰匙制止，小柯酒過三巡覺得沒面子，隨即拿出放在抽屜的轎車鑰匙，開車出門，大夥以為是去買酒，等了數小時直到天亮小柯

依舊未歸。母親著急地報警，並四處打探，於隔日上午，在某橋上發現小柯的轎車，門開著，但人不見了，第二天河裡發現浮屍，確定是他，研判是因情緒過激從橋上躍下！你想，如果等酒退或恢復理智後，小柯會往下跳嗎？

人的大腦如果裝載過多負能，就會積累出病症，很多都因環境、性格、更年期、打擊、酸葡萄心理等因素所造成。要預防就須體認，人生路本有彎曲與坑洞，當遇上時要處之泰然，以合宜管道舒壓解憂，時間肯定會淡化一切。

修身養性：世上什麼個性的人都有，如果每個你看不舒服、不順眼或不對盤，事事都要評論計較，非要拚個輸贏、爭個你死我活，那你早晚會罹患精神病症或被自己給氣死。跟誰爭都是輸，你在爭輸贏的那副臉孔與作態，會讓身邊的人看清楚你的真面貌，即使爭贏，工作、團隊與顧客也沒了，親情與感情淡了，朋友少了，自己爭氣才是真正贏家！

別人是別人，你是你，你病了只能自己面對，切勿因他人一句話或行為，而奪走你今天的快樂；因他人的情緒，影響自己的好心情。

無法控制情緒，早晚出大問題，不要動不動就不高興，出口就是王八蛋、你給恁爸記住、老娘不爽、心情鬱悶！一忍支百勇，一靜制百動，不要太在乎別人對你的行為評價，做自己最重要；人自在，心就定；心幸福，自輕鬆！春有百花秋有月，夏有涼風冬有雪，若無煩事掛心頭，年年都是好時節；心是一塊田，快樂必須自己種！

有位情緒易怒暴躁的小吳，酒後常常動手動腳，連妻小也不放過。某日心靜自省時，決定找位心靈大師開導。大師提點他，讓他除了戒酒或減酌外，一旦他想爆發情緒時，就拿出木板用釘子在上面打洞，直到消氣。小吳依指示，約好半年後再回去找大師，請他開釋。

半年後小吳帶著木板來找大師開示，大師看了木板說：「你看這是你半年情緒發洩的果，如果一個洞代表一個人或一件事，你這半年已經得罪了幾十個人或搞砸了許多事，且難以復原。如果未來你能少發脾氣，木板上的孔洞就會減少，你將變得更完美，板子就代表你的人生與生活。」小吳聽完有所頓悟，對大師是銘感五內。

此後每回情緒上來時，小吳就會想到木板孔洞的道理，收斂克制脾氣，避免人生再出現坑疤鑿痕，因而關係逐漸獲得改善。就好比生氣時把碗盤摔破，如摔破的碗盤代表婚姻、親情、愛情、友情，一旦摔破，就算可貼黏修復，也不是原來的那一個，情緒來時記得想到木板與碗盤！

批評論事，傷人傷己，有些人開車沿路罵；娶不到妻，總喜歡評論人妻；上班怨老闆，當老闆時又常斥責員工；嫌父母嘮叨、嫌子女不受教……這日子要怎麼過！將心比心，換位思考，萬事先思後行。

情緒奧妙：看悲情電影、聽悸動的歌、慷慨激昂的演講，內心會澎湃或感動掉淚；看恐怖片會驚恐、喜劇片會開心，看電影《空軍一號》，也會幻想當美國總統過過癮；遇社會負面事件會義憤填膺、打抱不平、同情憐憫受害者；遇事會選擇戰鬥或逃避，這些都是情緒的自然反射現象，駕馭得宜，生活才會灑脫自在。

情緒是本能反射，能壓下脾氣才是本事！吃虧、讓步是種涵養、氣度與風度。心平路更平，心寬路更寬，生氣就像拿別人的過錯來懲罰自己；懷恨就像拿別人的錯誤來折磨自己。

適當放空及健康社交，有助身心靈淨化，如常爆發負情緒、不開心，就該調整情商、心態與腦幹，常保好心情，擁抱正能量，如繁枝見縫生長，注入骨髓與血液！心病最佳良醫是自己，凡事以「愛」為出發點，為己解鎖吧！

41

晨　起

　　一日之計在於晨，一年之計在於春，一生之計在於勤；笨鳥先飛早入林，早起的鳥兒有蟲吃！現代許多人常因作息不正常，上班、上課睡過頭遲到，以匆忙趕急迎接一天的開始！

　　白天無精打采，心不甘情不願的，下班、課後卻是生龍活虎、越夜越精彩、行程滿檔、手遊電競、網群空戰。假日熬夜通宵再睡到自然醒，這種不規律現象環繞著我們周遭。

　　晨起優點多：1.迎接美好嶄新的一天；2.各器官會自主規律運作；3.情緒穩定不浮動；4.有助新陳代謝、皮膚變好、黑眼圈變少；5.降低精神疾病風險；6.提升免疫力、少生病；7.培養晨運習慣、不易胖、保持良好體態；8.精神集中、高效工作；9.大腦經充分休息，於晨間最能發揮創造力；10.可預習日程提升品效；11.別人賴床，我賺時間；12.充實的成就感；13.還有很多……但如因睡眠不足，所有晨起優點都是空談，對身心反會造成負擔！

　　女兒國小時，每天 7：20 要到學校，我養成 6 點起床，先運動半小時，再準備早餐，6：40 叫她起床，7：10 分送她上學，公司 9 點上班，回家再運動半小時，國小六年大多以此迎接美好的一天。

　　女兒升國中就讀私校，每日趕 7 點的校車，因過去已養成早起運動的習慣，所以我把起床調至 5 點左右，先運動一小時，6 點叫醒女

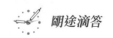

兒，6：45用完餐再送她坐車。回到家還不到七點！我的時間變得更充裕、更彈性，騰出的時間，可以補充運動、過濾日程、看財經新聞、聽書或線上演說、偶爾陪雙親閒聊，再於上班前閉目養神15～20分鐘補充元氣，多數人還在睡夢中我已早起充飽電。

「晨起」之優，只有當事者才能體會於心，即使你已退休也可培養，早起運動、看書、晨泳、植栽、吸收新知、靜坐冥想，不妨嘗試從就寢時間調整起。當你養成早起習慣，你會發現更多好處，絕對值回票價！

有句話是這樣說的：「我要讓我的客戶為我的起床負責。」所以，你每日起床是有目的的，千萬不要渾噩度日！

 老古說人生

笨鳥先飛早入林，早起的鳥兒有蟲吃！

42

理所當然

　　有無想過，你落入凡間雖非在富裕家庭，但起碼有個正常家庭，身心功能一切正常。從小父母對你細心呵護、為你把屎把尿、洗衣煮食、關心這提點那，用心打造溫暖舒適的家，包容你的任性、調皮犯錯等，其實這些都不能當作「理所當然」！

　　福氣好運非人人受惠，有些人一出生就有先天不足的缺陷，有些人一出生就落腳在某落後國家或貧窮家庭！假設你出生在非洲大地的某落後部落，現在的你可能是整天穿著丁字褲，只為溫飽求存，世界的精彩與壯闊大多與你無關，孟買即猶如天堂與地獄之隔！

　　世界銀行調查，2012～2015 年間全球赤貧人口，即那些每日靠低於 1.9 美元生活的人，約占世界人口 9.6%。他們對溫飽、飲用潔淨的水、使用像樣的廁所都是一種奢求，現代科技所帶來的便利，他們大多無法受惠。所以，你自覺不順遂、平凡缺角的人生，其實已算是超凡的幸運了。

　　不知足者，從成長環境慣養下，好像萬事順利都是理所當然，而忽略了感恩與福報。抱怨父母沒叫你起床害你上課、上班遲到、怨父母不給換新手機、衣服沒幫你燙好、菜不好吃、同事不幫你、同學不理你、老闆、老師偏心不公等一堆不滿與怨氣！沒有人本該「理所當然」地為你買單與付出，此生如養成在不滿中度日，悲也！

　　試想「古人」的生活，皇帝還不如現在的你，他沒冷氣可吹、沒油電車代步出巡、沒電視可看、沒手機通訊與上網。當前你我與過去帝王或富豪相較，連太上皇都要羨慕你呢！再想想，農耕社會維生器具的落後與現代對比、行動電話問世前與後的通訊，你是否還不知足？

　　「人」常常因生了病，才知健康的可貴；因為意外，才知平安與家人的重要；因為傷殘，才知過去手腳靈活的方便；因為患疾，才知養生與愛惜身體的重要；失去摯愛，才知過去自己的自私。所以，每天起床首件事請感恩與謝天，因為你每天能開眼、呼吸、平安順利，這一切都是修來的福報！

　　畫面一：有位從小罹患小兒麻痺的朋友，努力有成開了家餐館。有回接受媒體專訪，提到他的成長過程，從小雖然得到很多的關愛，但走在路上總覺得很多人用異樣的眼光看他這怪物，造成他成長內心很大的陰影！各種美好的童年他大多無法參與，各樣團體競逐都與他無關，學校體育競技如籃球、棒球、接力賽等，雖渴望參與爭榮，無奈因殘作罷，只能嘆氣！

　　所以，他從小就很自卑、沒自信。後來慢慢地選擇面對接受現實，「轉念」一想，自己遠比許多人幸運，有些人生活連自主行動都困難，自己還有所長，好好發揮終究也能闖出一片天。於是，逐漸解鎖走出漩渦、消滅心魔才有今日，奉勸世人，勿把擁有的一切美好當作「理所當然」！

　　畫面二：有個女高中生因故跟父母吵架，賭氣離家出走。由於沒帶分文，到了傍晚肚子飢餓難耐，停駐在一家常光顧的麵館旁，老闆看她欲言又止，問她是否想吃麵，她回：「我忘了帶錢，我……」，老闆懂意思：「沒關係就當我請你，我自己也有小孩。」麵吃完後她說：「老闆你人真好，非常感謝你，不像我父母整天嘮叨沒完煩死了！」

老闆聽完，收起笑臉，怒斥一頓：「我只請你吃碗麵，你就當我是救命恩人，你父母從小至今為你供給多少頓飯、物資與關愛」，老闆話沒講完，女孩已眼眶泛紅、深感悔悟！感謝老闆後，返家向父母道歉，深刻體會自己「理所當然」之無理！

畫面三：有對夫妻是標準男主外、女主內，老婆婚後在家相夫教子，為子女、先生打點一切生活所需。老公是家裡經濟支柱，為妻小努力勤奮工作，老婆體會於心，對家中日常更是細心打理，每日菜色力求多樣化，有親友來訪時，下酒菜準備更是周全，數十年如一日。

老公對老婆、子女也相當疼惜呵護，就是個性較嘮叨，對老婆生活瑣事總會念上幾句，老婆則是體諒辛勞，無怨無悔，夫妻極少有對立的大衝突，算是健康幸福溫馨的小康家庭！

然某段時間，老婆偶感不適，想說服個常備藥應該會好，但過了二週仍未見成效，且體重驟降約 10 公斤、氣色蒼白。夫妻倆驚覺不對勁，親友也建議到大醫院檢查，這一趟健檢如世界末日，經詳檢複查太太罹癌已入末期。

住院期間太太很堅強，好像心裡有數但什麼也沒交代，先生為照顧妻子申請退休辭掉工作，也不敢跟老婆提到醫療病情。夫妻獨處時老公內心如淌血，想著，過去老婆為他付出的點滴、還沒帶她四處遊山玩水、他過去的無心嘮叨，越想越是懊惱，老婆是用來疼的，如果可以續命，一定要更加體諒老婆，但一切都來不及了，不到兩個月太太就離世，享壽不到 60 歲！

後事辦完，因女兒均已出嫁，老公常孤單在家獨自流淚，家裡每個角落都有太太賢慧的印記，每當夜深人靜、逢年過節時畫面更是清晰。太太走了家務大小事都要自理，深感過去老婆的體貼與賢淑！體認到過去太太為這個家的點滴付出非「理所當然」，而是他的福氣。

　　畫面四：有位公司高官，過去在高位時帶領團隊締造無數的佳績，在公司影響力可是呼風喚雨、走路有風的級數，基層員工對他更是敬重三分！但因某非戰之罪，被高層連降數級、拔除兵權，在很短的時間他看盡人情冷暖，過去手下的尊敬眼神，除少數心腹幾乎蕩然無存，人事依舊、尊敬之心卻急速消淡，自己似乎變成路人甲。悟出沒有所謂的「理所當然」，人生路大家都是江湖過客，當你沒了名片頭銜、職位、好處，就該回到「真空」的原位，任何人都沒有一定要給你好臉色看的義務！

　　畫面五：有位小女生從出生就視盲，母親放下工作專心扶養、無怨無悔。小孩一天天長大，就學時母親安排到就近的盲人學校就讀。母親心想小孩早晚要獨立，初期陪同上學，讓小孩對路程重複熟悉。

　　一段時間後開始說服小孩要獨立完成徒步上課，小孩很堅強願接受挑戰，母親不放心，暗中跟隨沒讓小孩知道，哪怕見到女兒跌倒也讓她自己爬起，偶有路人好心協助，也不出面扶助。下課快到家媽媽總要演戲，先衝上樓再故意走下樓接女兒。漸漸地小孩學會獨自上學，畫面很令人感動，你說放在正常家庭對比，母親跟小孩是不是都很偉大！

　　突然想到，有回飯局，看到一位學姊帶著國中的女兒赴宴，小孩全身長滿類似魚鱗癬，皮膚乾裂發紅，面相與肢體都有點變異，我一眼內心瞬間就不捨，無論是母親及小孩都很堅強，吃飯過程女兒默默看著帶來的書，畫面好心疼，她的內心世界「理所當然」怎解？

　　還有其他如老闆會議遲到、大牌巨星演場會延遲開唱等時有所聞，自以為是理所當然，你誰啊！

　　《汪洋中的一條船》敘述主角鄭豐喜奮發向上的歷程，他一生下來雙腳就畸形萎縮彎曲，從小飽受異樣眼光與欺凌。有回他被欺負，五哥鼓勵他：「何謂努力，就是受別人欺負，不要哭，跌倒了馬上爬

起，不怕難、不怕苦，一直做下去，偉大的人都是因努力而來的。」

此後他克服逆境創造自己的人生，靠著堅毅進取的態度，以優異的學業成績畢業於中興大學法律系，寫散文、傳記，《汪洋中的破船》（後改一條船）就是他的自傳，並於 1974 年當選全國第 12 屆十大傑出青年。他出生就沒有像我們一般人那樣正常完整，然而我們一生可能還沒有他成就的一半。

發想：要懂得珍惜，感謝周邊為你服務的人。

你我都很幸運了，不要把時間花在抱怨不公！你每天平安出門、快樂返家，能自主決策與行動，這些都是福分！任何扶你一把、讚美你、稱你哥姊、長官、跟你微笑點頭、提供協助、約你吃飯、看電影的人，都非「理所當然」，那是別人還看得起你，也代表老天爺還眷顧著你。

趁還有價值、有機會奉獻時，要多珍惜、多付出、多幫助、多分享、多包容、散播愛，把正能量感染到周邊人的身上。

 老古說人生

你我都很幸運了，不要把時間花在抱怨不公！

43

虛實人生

　　虛，乃沒有、無形、虛幻、空洞、假的、不存在、黑白的、空講道理與原則；實，乃扎實、放心、可靠、堅韌、綿密、存在的、有價值、行動力、彩色的、看得見的。虛實，就是實與虛、真與假、有跟無、彩色與黑白。有無相乘、虛實相生則是另種境界。

　　人生旅途中，我們周邊有千百態樣的人，有些努力進取、勤耕灑網用精彩寫生命；有些則渾噩、空洞、糊里糊塗混日子。人生想拚點成績與奇蹟，就必須把理想具體規劃並積極按部實現。

　　你的人生是由每刻、每日、每段歷程堆疊雕琢而成，每個人當下所呈現的態樣，都是過去經歷的累加，但是許多人對生活缺乏計算。你每日睜眼起床到就寢前，是否重視成長曲線？還是隨性無感，上課、下班、吃飯、滑手機、睡覺，像流水線般地循環上演？

　　有二座相鄰的山，山腰間各有一座寺廟，二座山的山谷間有條公共河川，提供二間寺廟日常用水，寺廟的常規是最菜或最年輕的和尚，負責每日打水補給的工作。

　　A 寺廟打水的和尚法號無花，B 寺廟公差和尚法號四空，二位小和尚常在打水時相遇，逐漸成為好友，並約好每日固定打水的時辰，可順便話家常解悶。就這樣過了近一年，四空某日打水時沒遇到無花，心想應該是生病或寺裡有事，但一連十幾天都沒遇上，在出於關懷的

驅使下，向住持報備到 A 寺廟去找無花。

　　在寺裡老和尚的引路下，很順利在前院找到無花。四空問：「無花，奇怪了你人好好的，最近怎沒到河裡打水，我還以為你生病了，還是你的位階已升格到不需打水了？」無花說：「我自從被寺裡指派打水工作以來，就想如果寺裡能多打一口井，以後就可省去挑水的工作。於是我找了適當的位置，在師傅認可下開始鑿井，每天運用課後零星的休息時間一點一點地挖，師兄弟也會幫忙，不到一年的時間，最近終於挖到水泉從井裡湧出。所以現在寺裡供水無虞，我最近就沒下山打水了！本想空檔時再過去跟四空你打聲招呼，真不好意思，讓你擔心了！」

　　四空猶如挨了一記重拳，但此趟拜訪算是值回票價、獲益良多！心想過去課後總是重於玩樂虛耗時間，明起我也要複製無花的動力與堅持，隔不久後四空也真的把井鑿出水來。

　　如每天把空檔「虛」的時間，拿來做些有意義的「實」事，在長期積累下就可能變成很可觀的報酬！「實」就是做有品效的事，「虛」就是空洞虛度。斷捨難，把損友、壞習慣及不該煩惱的虛丟掉，雖困難但有意義。

　　一位年輕人如願開了一家商鋪，開市期間是門庭若市、日進斗金、財源廣進，正當要數錢時，家人叫他起床，原來是場夢！很多人好高鶩遠，一天到晚作夢，快醒醒吧，躺著不動難有出頭之日！

　　要甜先苦，要逸先勞；屈得下，跳得高；努力的蜜蜂，哪有時間悲哀與怨嘆。現代很多人活在虛幻的世界裡，光有空夢把執行力晾一旁，只重物質享樂，沒條件、沒本事，卻愛裝闊、吹噓，身上掛滿仿名牌、仿錶等物件，這些都是空與虛，事情非論而成，是幹出來的。

　　怠惰是貧窮的製造機，享福了福，福盡悲來。有個講師上台報告，

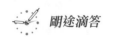

PPT 檔全以英文呈現，無須多做解釋就已展現實力，必定是他過去點滴努力的果！

　　重新武裝：要正其心、誠其意、實其事、定共分。重視：耕耘播種、時間管理、責任使命、倫理道德、健康養生；要定義、找回、優化自己；要肯定、相信、看重、認真、面對、激勵、鞭策自己，這些都是扎實綿密、競爭本錢受用的實與堅！

 老古說人生

　　怠惰是貧窮的製造機，享福了福，福盡悲來。

44

微笑的力量

　　微笑，它帶有魅力、說服力，是免費無副作用超值的化妝品。真誠的微笑能化解敵對、拉近距離、保持友好，也常是寫真永不退時的素材！

　　氣質美女如少了笑容，就會失去誘人的魔力。當一個人發自內心自然流露笑容時，會讓對方感到舒服、好感、善意。商學上，如不懂微笑，千萬別開店或張口談生意，因為敗象已露、競優已失，相由心生，有時真騙不了人。

　　商場上微笑無處不在，無論是高端商服或攤販零售、空姐、餐館、飯店、專櫃，以及各行各業如金融、證券、不動產、保險、汽車業等，所有佳評都與態度真誠與笑容親切有關。官場上，人脈經營亦同，許多王牌業務，訪客前會對鏡把臉部表情調整到最佳狀況；反之，任何業種如板著臉做生意，則難獲得顧客的實心反饋。

　　無誠虛偽的笑，常帶有目的，如選舉才出現鞠躬哈腰的候選人、逢場作戲的藝人與傳播妹、牌桌上賭客的冷笑、談判桌上彼此陰沉的奸笑等。

　　古代常以美女作為國家談判交流的籌碼，美人的一個微笑能傾國傾城，如楊玉環的美貌魅笑，就讓唐明皇不顧世人評價，堅持奪取為妃！

　　顧漫有一句話：「一個笑，擊敗一輩子；一滴淚，還清一個人」，

笑是最好的柔器與力量！微笑好處多，能有益身心健康、抗老化、心情變好、提升人際與氣質，是行銷利器與保健的良藥，也是永不退時經典的聚焦。

「微笑」如綻放的花朵，臭臉如將凋謝枯萎的殘花，小孩與小動物的笑，融化多少人的心！微笑具有無形的力量與魔力，是一種國際共通的語言。

人與商的競爭上，「微笑」必不可缺，它代表包容、親近、動人、誠懇，能撫平傷痛、破窗化敵為友、化憂為喜、化解矛盾！

一笑精神好、二笑無煩惱、三笑富貴到、四笑好運來報到。放鬆心情開懷大笑，還可健康延壽。愁帶衰，笑帶福，常保微笑之人，通常運氣不會太差，因為運氣差的人，通常都笑不出或笑得很不自然，帥哥、美女，你今天發自內心笑了嗎？

 老古說人生

微笑，它帶有魅力、說服力，是免費無副作用超值的化妝品。

45

溝通與談判

　　《道德經》有云：「善者不辯，辯者不善；知者不博，博者不知。」善辯不如善聽，通常自以為是的巧辯者，只會讓人感到反感。

　　談判高手，首要做個優秀的傾聽者，許多協商圓滿的局，都靠聽聞而出，畢竟文對題，才能答對題；聽得懂、回應得體才會有好印象。當你抓住客戶的心，把距離拉近生意自然穩定綿延、財源廣進！

　　要成為溝通與傾聽高手，首要建立信心，人一生中任何懂的事物都是「學來的」，溝通與談判當然也可由學而優！

溝通談判基礎觀

一、三大溝通

1. 自我溝通：內心的對話獨白，例：今日的上台表現可否更好，如可優化下回我應該要怎樣會更好，類似聚焦的校對，有助不斷突破與精進。

2. 人際溝通：與他人訊息的傳遞，「協作社會」成功必需打造團隊，單打獨鬥難撐大局。

3. 大眾溝通：藉多元媒體的對話，例：品牌、文化、賽事以活動來行銷與宣傳。

二、人際溝通

1. 是互動的：用眼、耳、心、腦傾聽，具洞察力，懂得聽、聽得懂，再導入延展議題。

2. 是種過程：工作上，經歷面試→投入→互動→跳槽或升遷；情侶間，經歷交往→理解→結合或分手；加入社團，經歷入會→奉獻→進階或退社。

3. 是有意義的：常帶有傳達理念、思想或互利之目的，例選舉請託、選會長、入學分發、排解或工作請託等。

4. 創造關係：沒關係找關係，從拉六同「同姓、同鄉、同學、同事、同梯、同好」著手，溝通會讓關係改變結果，變好或變壞。貝聿銘與甘迺迪是同年出生，且同為哈佛人，貝因擅長溝通，讓甘的遺孀覺得親切有緣，在眾多知名建築師相競不看好下，雀選為「甘迺迪紀念圖書館」的建築設計師，從此打響他國際建築大師之美譽。

5. 表達技巧：讓腰桿挺直、語調自然、不假不浮誇，虛假易被戳破。讓內容言簡意賅、單元轉多元、地區轉國際化。懂幽默、善讚美、巧拒絕，能加分。

6. 專注傾聽：重參與感、持同理心、尊重與認同，勿插嘴打斷對方說話。

7. 流暢溝通：事先準備，輕鬆開場，注意邏輯通順、節奏流暢鋪陳，輔以肢體動作加持、適時給予肯定認同。聊對方感興趣的，互動融合時再切入主題，就能留下良好的第一印象。

8. 同理反應：偵察對方連結情緒觸角的共振，靈活伸縮、彈性攻防。

9. 話不講死：逢人講七分，話到舌尖留三分。

10. 財從口進與口出：不說什麼比說錯什麼更重要。

11. 不要有刻板印象：認為男主外，當大男人；女主內，洗衣煮飯。多數人都以自我為中心，你的觀點，不見得是對方的觀點；誰對誰錯很難說，認知沒有肯定與絕對性。

12. 歸功他人：互惠才能互利，在無損自身利益下，做球給對方。

三、影響溝通結果的因素

1. 雙方：可能有性別、主觀、知識、經歷、專業、文化、生心理上的差異。你的立場不等於對方的角度。

2. 訊息：符號、編碼和譯碼意義，每個人身上都有，跟小孩說話，常用好棒棒、睡覺覺、吃飯飯、洗澡澡、羞羞臉等疊字。想打入原住民，可誇賞他們小米酒的釀製技法。對象是外省老伯伯，就談當兵打仗，勾起他八二三砲戰的印記，當阿伯開始想當年，就會一發不可收拾。再如，每當我拜訪客家人，就會用客語溝通，客戶總會感到特別親切。只要找出對方的編碼，對方便會繳械與你滔滔不絕聊他懂的，最後只要按部收網即可。

3. 管道：感官傳遞，利用聽、視、觸、嗅、味、知覺。

4. 環境脈絡：可從對方的成長背景、教育水平、修養、職業、社交、喜好、興趣、信仰等方面著手。

5. 干擾：親友、內外在、程咬金、媒體事件、談判地點與時間等因素。

6. 回饋：對方臨場情緒心理反應。

7. 阻礙：話多、說教、不契合、不專心、不尊重、無理批判、眼神閃爍、亂貼標籤、錯誤診斷、前後不一、自相矛盾、主觀成見、命令口吻、胡亂保證、語帶威脅、邏輯不通、文不對

題，讓人第一眼就反感、處處想占便宜！

溝通對象會因以上因素提高警戒，關節打通自可提高談判良率！

畫面

例 1：某公司有場中高階主管會議，當日請來友方單位的高管谷總，分享經驗。谷總開場禮貌性地說：「我跟你們夏總（女）10 幾年前是第一代的好搭檔，所以，我倆有很深厚的情感。」會後，有位店長回到店裡跟同仁分享：「今天會議我發現一個天大的秘密，原來，谷總跟夏總 10 幾年前有一段很深的感情……」自己添材加火，事後集團各單位都在討論這熱門的八卦，三人成虎似乎成了真！

不知是沒聽清楚，還是表達能力差或是故意，深厚的「情感」跟很深的「感情」意思大不同，這位店長後來下場可想而知！所以，在人我互動的社會，要做個專注的傾聽者，要能意會才能精準言傳，避免造成失真與誤解！

例 2：現代人多以通訊平台互通，每個人對文字或表情包的解讀不同，常見 LINE 與 WeChat 對話因理解力、主觀不同造成錯解，幽默變消遣、已讀晚回以為對方生氣；貼圖錯解、簡單回覆「了、嗯、喔」以為在敷衍，熱戀中的男女尤是。

某人在社群裡，常對討論之事有不同看法，一下回驚嘆號，一下回問號，一下反駁，即使他有些觀點還挺有道理，但卻讓群組裡的人對他都很反感，當避免！

例 3：認同很重要，當拜訪客戶時，即便你再專業、口才再好，說自己有多努力優秀、績效多亮眼，都可能讓你白忙一場，因為客戶

可能還沒認識你、認同你，你已經講了一長串，只會增加顧客對你的厭惡感。

例 4：當年葡萄牙人首到澳門，碰到當地人，問說這是哪裡，對方很熱情地說是瑪閣（馬祖廟之意），葡萄牙人一聽叫 Macao（澳門的英文），便把它記錄下來，最後成了「澳門」英文的由來。到底是問的人有問題，還是聽的人有問題？其實二者都有，老外問的是國家級大範圍的總稱，但聽者卻回覆地方廟宇的稱呼。

如果以後外星人到地球造訪，剛好問到我這是哪裡，我說是「龍潭」，說不定外星人回家後就稱地球為「龍潭」，聽與問都很重要。

例 5：溝通與傾聽：大明與小張爭風吃醋，並把小張痛毆一頓，小張因此提告重傷害，結果大明被判三年有期徒刑不得上訴，被發監服刑。

在獄中大明每天與蟑螂、老鼠、螞蟻為伍，人一但失去自由就會做出有違常理或無聊的事。某日大明抓了一堆螞蟻把玩（因蟑螂、老鼠噁心難控），心想反正要在此蹲磨三年，乾脆來訓練這批螞蟻雜技、踢正步、跳熱舞，如訓練成功，三年後出獄就可帶這批螞蟻到世界巡迴表演，以此維生。

結果皇天不負苦心人，這批螞蟻果然給他鍛磨成形。出獄當天，朋友們找了餐館幫他接風慶祝，餐敘間大明想給朋友驚喜，偷偷在鄰桌上將他訓練的螞蟻大軍整隊，準備大顯身手秀給友人看。整隊完成時他大舉雙手，高喊「你們看！螞蟻！」朋友們閒聊到一半被打斷只聽到螞蟻二字，大家心想餐廳有螞蟻很正常，於是一人一巴掌往桌上拍，把桌上的螞蟻部隊全部殲滅，大明當場傻眼爆淚，三年的心血全部泡湯，痛啊！

大明其實是要表達：「你們看這批螞蟻，是我在獄中花三年所訓

練出來的部隊，現在我隊伍整好要表演給各位看，請大家掌聲鼓勵。」
但後段他只放於心中沒傳達出來，想說朋友應該懂，殊不知朋友們聽
到有人大喊螞蟻，下意識反射動作就是要打死牠們，也沒有開口問清
楚螞蟻出現的原因，雙方都該各打 50 大板、半斤八兩！

　　具魅力的善通者，會「少說多聽」，先試圖理解對方的意表，然
後做出精準的反饋，與對方拉近距離，所以，常是群體裡的靈魂人物！
中國知名大學教授也是辯手的熊浩提出：1.決定權在對方，溝通策略
是說服；2.決定權在他方，策略是辯論；3.決定權在雙方，策略是談
判。談判需協助時則是調解。

　　交流溝通的核心非如何說，而是傳達一種態度，畏戰先輸，先怕
先敗！所謂「用兵之道，攻心為上」，打蛇打七吋，民代怕醜聞、警
察怕法院、黑道怕交情。要有一道「硬邊界」，對手大多有欺善怕惡、
誰軟吃誰的心理。有時大智若愚、見好就收，讓對方自覺占便宜，其
實是你占上風；有時可看情況靜默少言、態度模糊，讓敵人看不清底細。

　　許多人對表達沒自信，語氣軟弱、不敢與對方正眼相對，可藉實
戰淬鍊、修調提升溝通談判功力！把內在底蘊的潛能發揮出來，當表
達散發自信與魅力，脫口能「言之有理，言之有物」，避開自損無益
之語，在任何群聚場合定顯出眾！

老古說人生
談判高手，首要做個優秀的傾聽者，許多協商圓滿的局，都靠
聽聞而出，畢竟文對題，才能答對題。

46

演講經驗

筆者是鄉下道地的客家人，有回餐敘中，朋友提到姊姊是某校的承辦，正物色年度客語演講比賽的人選，因尚有「社會組」名額，於是跟我說：「你客語這麼溜、口才這麼好，是非常適合的人選，我就直接幫你報名囉！」我以為他是開玩笑，當下允諾沒問題。

1、2週過後，他忽然通知我演講的時間、地點與細節，哇，這輩子還沒參加過演講比賽，而且還是用客語演講，雖然在業務領域征戰多年不致怯場，但仍有些小緊張。

當天硬著頭皮去參賽，心想應付一下，完全沒想過名次與榮譽的問題！印象中是第三個上台，抽籤後上台講完就先離開。當天下午接到友人來電，對我就是一頓恭喜，說我上午的演講榮獲客語社會組第一名！還不忘誇自己沒看走眼，舉薦我這麼一位人才，重點要我請他吃飯。這次的經驗讓我覺得自己還真不賴，是一次不錯的人生小體驗。

過程簡述

活動名稱：桃園市龍潭區 105 年度語文競賽

演講規則：主辦單位提供三個題目，當天現場抽籤決定主講題目。
　　　　　每人演講時間有五分鐘，以鈴聲提醒，超時過標會扣分。

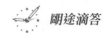

演講題目：「設立老人安養中心，照顧退休老人的聯想」

名次：台灣客語演說「社會組」第一名 古兆憲

演講原文如下，部分音義以客語直翻，用國語念讀會有些不通順，正常喔。

各位評審、各位參賽者大家好，今天要演講的題目是「設立老人安養中心，照顧退休老人的聯想」。

目前我們台灣，超過65歲的老人，占我們人口差不多13%，預估到2060年就會衝到約40%，這是什麼意思呢？就是10個人會有4個老人，這問題會非常的嚴重。

以前人說的大屋庄，子女生多大家住在一起互相照顧，就沒有養老的觀念，也沒有這養老的問題。現在你看喔，「少子化」很多倆公婆生個子就不生了，從小疼到跟命一樣，吃好、住好、玩好，不捨得給他受苦，你說這到大他連自己都養不飽自己，你要期望他你老來照顧你，難啊！

去年有一條新聞，有一戶人家，阿爸很早離世，阿母生三個兒子，二個大的結婚很早就搬出去住了，留這小的在家看頭看尾、照顧阿母。阿母8、90歲身體也不是很好，就請外勞來照顧，三不五時會很不舒服就要送去醫院，變成這些兄弟拼上拼下奔波，就在商量是否把阿母送到養老院，那邊的醫療設備較好、那照顧的人員也較專業，三兄弟就決定把阿母送進去。

但是問題來了，隔壁鄰舍、親戚朋友三個字「不孝子」，你阿母從小把你們捏到這麼大，現在阿母身體有些微恙，你們就把她丟到那，三個字「不孝子」！

阿母8、90歲病痛話也講不出啊，但是，我們想她心裡可能在

想什麼，「我十幾二十歲嫁到這，生子、養子、教育，到你們結婚組織家庭，現在大家有事業，阿母現在沒有利用價值了，把我丟到這人生地不熟的地方，也沒跟我商量半句。」後來這阿母吃睡不得，不習慣嘛，沒三個月阿母就歸天了！說到這，我想到就心酸，但是這是現實的問題，是對還是錯，實在也很難說。

所以，我認為在地養老的觀念很重要，你政府每個鄉鎮是不是都設個，不是稱養老中心，應該叫作「健康中心」，給這些退休的或是同屋庄的老人家，給他們去參觀那裡的設備、環境，還有照顧的人員。你子女如不方便的，將來這同屋庄的人可以住在一起，是不是說說笑笑，人生這段路，人家說的，會走得比較快樂，真的要走了也笑笑得走（壽終）！這就是第一個問題。

第二點，自我們出社會，政府還可以設一個「保險養老基金」，政府出一些、老闆補一些、上班的人看能力出多出少，將來你老的時候，這筆錢就可以拿來當養老基金。如此可以降低子女的經濟負擔，你的子女也會比較願意回來看你這老人家！

以前人說的，家有一老，就像有一寶。現在人嘞，這子女是推得乾乾淨淨，除非你有什麼，我相信評審也猜得到，「財產很多」，那子女就會經常回來，如果沒有，這就是非常現實的問題！

政府去年有通過一個長照法，相信評審也知道，這長照法什麼意思呢，就是以後要給人照顧的老人會越來越多，但是，照顧老人的人，糟糕了，卻越來越少。所以這問題會非常地大，但是，我認為還有很多可以加強的！因為，像它現在的日常照，白天把老人家送到這，晚上你下班又接回來，這樣實在說還沒有很通。所以，我認為針對這問題政府還有很多可以做好的地方。

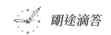

最後我要說，爹娘恩情大過天，大家一定要盡孝。

祝福大家 平安 健康 快樂！

欲聽以上內容可連結 https://www.peopo.org/news/309911 或掃描右方 QR code！（黃瑞朋　錄製）

影片傳送門

演講者：古兆憲

演講日期：20160528 吉時

　　同年隔幾個月應該是暑期，友人又來電說，上回各組第一名要代表區參加全市的客語演講比賽，這回我直接拒絕，一來很忙、二來要與各區社會組「第一名」高手相競，自嘆不如，請他們換第二名遞補好了！

　　但經勸說，且這次市級競賽，大家都沒題目無須準備，思考後，這也算是一種挑戰，大家都是比臨場反應，而且我常臭屁自詡業務高手，口條、臨場感應該不會比對手差，決定迎戰勇敢接招，當天以平常心單刀赴會。

　　競逐規則，前者上台、後者抽籤（約 10 幾個籤題），前者講完後者接著上場，有點倉促上台之感，上場時其中有段翻客語沒轉過用國語發音，自認講得很趕、不流暢，講完就帶著心虛先行離開。

　　隔天友人再次來電，說我真的很厲害，市比賽榮獲該組客語社會組「第二名」，只差一名就有機會代表市參加全國賽。如今回想，假如我能晉級參加全國賽是何等榮幸，如不小心獲得全國冠軍，不就「光宗耀祖」，可惜了，這種機會不是很常有，早知當初就充分準備、積極備戰，或許就有機會挺進全國賽。

　　經驗啟發：人生中如有成長挑戰的機會，絕對不要畏縮，要大膽嘗試、練膽，鍛磨錘鍊吸取經驗，因為對手也不是銅牆鐵壁，何懼之有！

47

漸漸地

　　我們一生的習慣與性格，無論好壞多數是在成長中潛移默化所養！

　　有位從南部北上就學的女大生，稱小雪，因家境清寒，想說利用晚上課餘打工，一來可分擔家計，二來可供自己日常開銷，人際互動不至寒酸。嘗試了許多工作大多是辛苦不搭，每月假少含加班不到 1 萬的收入，且很不穩定。

　　小雪有許多同學，晚上到夜店或酒店當傳播妹，她們常在聚會時鼓動小雪，說夜店工作很彈性，而且很缺人，學校偶爾請假或翹課，也不致被當還可賺錢，每月陪客人吃喝瞎扯含小費至少都有5～6萬，極力邀請小雪加入。小雪在南部鄉下傳統家庭成長，對此毫無興趣，每回聽後都裝傻或委婉回絕。

　　某日同學跟她說，酒店裡晚班的櫃檯會計剛離職，剛好有個缺，每月 2 萬左右，介紹她趕快去面試，一開始小雪還是小抗拒，畢竟聽來還是在酒店工作，傳出去總不好聽，但同學說：「你是當會計又不是坐檯，況且3～4年畢業後，誰知道你過去在酒店上過班？」於是鼓起勇氣去面試，在同學協助下順利錄取。

　　時間過了幾個月，小雪認識越來越多的坐檯小姐，小聚時又常有勸進聲：「小雪你每月工時長，薪水不到2萬，我們時間短、彈性大，只要陪客人聊天喝酒，每月就有5～6萬，比你多2～3倍，可抵三個

小雪你耶，3～4年畢業後，誰知你過去做過什麼？」漸漸地，小雪經沉澱後，認為的確有道理，決定轉入坐檯，心想，只要堅持不賣身，守住最後一道防線就好。

又過了幾個月，在包廂休息區的聚會中，另種勸進聲又來了：「小雪你們坐檯喝酒累壞身體，每月才賺5～6萬，我們常給些董仔、大哥或富二代包養，吃好、用好，每月至少有10萬以上的收入，有時還有額外小費或名貴的禮物，況且你姿色不錯，賺幾年收手，畢業後誰知道你過去跟過誰？」

小雪內心開始攪動，漸漸地，覺得姊妹們所言甚是，年輕不該留白，何不趁此機會提高收入，給家人過些好日子，也為畢業後存點創業基金！於是不到一年的時間，小雪從打工到櫃檯會計，再從陪酒坐檯到最後經不起誘惑，接受有錢賺就好什麼都賣的心境轉折，已難回到原有的純真了。

以上故事是否有種感覺，我們生活中確實很多思維與行為都是漸漸所養而成！

上癮：還記得何時學會抽煙的嗎？從國中第一支與同學共享開始，接著第二支，再來飯後一根煙快樂似神仙，漸漸地煙癮就染上了，到現在每天1～2包，戒了數回都以失敗收場，難也！何時學會喝酒？從第一杯好奇嘗試、第二杯賭口氣、第三杯壯膽、第四杯管他三七二十一，到經常喝醉、酒駕被吊扣駕照、變成酒鬼，打壞身體與形象！

何時學會嚼檳榔？聽說檳榔降火氣，於是好奇嘗試、看起來像兄弟較有男子氣概，從伸手牌到每日二盒，牙齦越嚼越萎縮，漸漸成重癮者滿嘴爛牙，嚴重甚至罹患口腔癌，惡習魔也！何時學會打麻將？一開始好奇只懂胡牌、算台，到上桌好玩無傷大雅、賭金逐漸提高；到逢休見紅、空閒時賭癮就犯，漸漸地你牌桌上的蟲癮，已注入血液

難以自拔。

　　脾氣為何越來越暴躁？因身處環境，損友多、遭遇挫敗、一連串的不順遂，最後變得連一件小事都易怒，出口成髒，逐漸被孤立！

　　其實很多好習慣也是「漸漸」所養，如每天規律作息、運動、充電、讚美、樂施、不摸魚、不違規、分擔家務、熱心公益等。

　　發想：用高品質管理自己，不求多、不求快，穩步成長進化；損人誤己的，要逐漸斷根；利己利眾的，要漸漸培養孕育，你的人生肯定會更加耀眼璀璨。

老古說人生

我們一生的習慣與性格，無論好壞多數是在成長中潛移默化所養！

48

監察功能

　　監察院的創設，源自於國父 孫中山五權憲法的理論，模仿古代中國御史諫官制度，如御史台、都察院，其職權有調查、糾正、彈劾、糾舉、巡查、監試、審計等。

　　朋友們知否，我們每個人身上都有類似監察院「監察功能」的組織系統，用來督促鞭策自己。此監察行使權，在人生中扮演著相當重要的角色！

　　何謂「監察功能」？監察督促自己為人處事、積極進取，內心深層一道邊線內，所遵循嚴以律己的準則。

例舉

　　例一：許多人都會賴床，不到最後一分鐘，絕不輕言把棉被掀開，尤其是冬天寒風刺骨時，此時監察功能管理強的人，鬧鐘一響或時間一到即掀開棉被，絕不允許自己養成賴床的習慣，以迎接美好充實的一天。晚上就寢時間，生活規律嚴謹的人，時間到就上床就寢。反之，監察薄弱之人，就是習慣賴床拖拉，總是巴著戲劇、手機互通、上網、遊戲，捨不得放手就寢，此種人總占多數，導致睡眠不足，影響次日上課品質或工作效率，日積月累之下，把靈魂跟健康都賠了進去，真

是得不償失，未來的主人翁尤是！

例二：許多人喜歡貪小便宜，對於公共物品常會占為己有。常見的公廁或餐館衛生紙，除正常使用，離開前還要貪心抓一把。你看，現在許多公廁都不備便紙，因消耗量太大，大眾公德心有待加強。百貨、賣場因品牌競爭，大多仍提供衛生紙方便客戶使用，但此項支出非常可觀。餐館免洗器具、佐料有時也會順手多帶，嚴重者甚至構成刑法偷竊罪！類似貪小便宜的心態，即符合被監察的範圍，該自行調查、糾舉與糾正，非我物品絕不貪之。

例三：從古至今，為何汙吏貪官難以斷根，初期是自命清官，抱持廉潔任事，但自古傳統惡習，年節或有要事請託，輕則宴請、送禮、招待旅遊，重則贈寶獻物、送錢賄賂，漸漸地似乎變成理所當然。食髓知味逐步變質到濫用職權、非法關說打通任督二脈。

有不少收賄法官，重罪輕判！此現象，正因任事者，沒有畫出一條不可踰越的紅色邊界。意志薄弱的「監察功能」未負起該有的職權，以致陷自己不義，把一生清譽都給毀了。明知不可為，卻一再在公署機關重複上演，好不容易「光宗耀祖」，卻演變成「遺臭萬年」。警界也有諸多不良的情事發生，除暴安良的初心變質，黑吃黑、收黑錢，等到被揪出才悔不當初。有許多畏罪自殺之例，早知如此，何必當初。

例四：還有很多，你可續寫。

有時可把自己抽離軀體，內心扮演監督者，以不同角度檢視監察己身。如，你喜歡自己否？有些人靜下時，會很厭惡自己的許多壞習慣，卻怎麼都改不掉！自我監督，比方某件事如此辦，別人會怎麼看、這麼做是否符合公益道德，如態度消極或變質結果又會如何？內心對話有很多議題可討論，你會發現自己還有很多可優化之處。

曾經有次車子保險桿因疏忽擦撞到水泥塊受損，過去的我會覺得

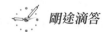

很懊惱心疼,怎會這麼不小心,荷包失血,心疼萬把塊就這樣沒了!但當時我是在想,應該是遭上帝懲罰,是否有承諾的壞習未糾正,此後只要有不順遂之事,如被開罰單、腳扭傷等,我就會要求自己找個缺點剃除,如此既不為已發生之事懊惱,亦可逐步優化自我!

想想,自己身上的「監察功能」是否鏽蝕了,有無肩負起督己之責,對自己一定要剛正不阿、實事求是、正派任事。如能把「監察系統」昇華,做好時間與人品管理,培養獨特的王道精神,把最擅長的事做到極致,擦亮自己的「金字招牌」,就如康熙帝送官員勉勵的匾額「正大光明」那般純正!

 老古說人生

我們每個人身上都有類似監察院「監察功能」的組織系統,用來督促鞭策自己。

網路虛擬世界

　　農業社會時鄉間村里多屬大家庭，由於工業與科技尚未成熟，家戶普遍貧窮，只有稍富裕的家族才買得起電視。一般家庭接收信息的管道不是透過市場、報紙、收音機，就是到雜貨店及有錢人家的客廳、窗邊看電視，還有瘋看歌仔戲、布袋戲。農活結束後，大多的時間就是四處串門子，泡茶、喝自釀酒、談天說地，什麼老吳的牛、老陳的豬、老古的米、老黃的茶、老葉的苗、老彭的拳，日子過得雖苦，但人間處處是溫情。

　　當時兒童的玩具，大都是廢物利用的自製品，像踢桶缸、自製沙包、跳格子；撿工地磁磚、酒瓶蓋敲平當遊戲籌碼；摺紙飛機，看誰飛得遠；拿竹筒火把，把菜頭掏空、鐵桶打洞放上蠟燭，做成元宵燈籠；或是以拳頭或自製竹棍當球棒、報紙摺做手套，克難地打棒球。當然還有橡皮筋多樣玩法，以及拿卡通或連續劇各角色的彩色圓形紙牌、彈珠、撲克牌等各類兒時回憶的遊戲。

　　童年假日時光的印記更是難忘，蛙鳴、蟬聲、抓螢火蟲、筍菇，池塘邊、小溪旁、榕樹下都是小孩的樂園，三五人聚在一起烤地瓜、在秘密基地扮家家酒。原汁原味淳樸小鎮，田園牧歌，籬笆下的掌牛郎、牽豬哥等。還有小情侶約會，在無手機通訊的年代，那種等待美好滋味的回憶，那種期待與刺激現已無法倒帶。

農業到工業，家庭即工廠；電子到數位資訊，在經濟成長、繁榮躍進下，生活水平越來越豐足。尤其是互聯網科技，智慧手機問世，縮短人類互通的距離，相對也把濃厚的人情味拉開了，世人普遍已依賴手機難以切割，它成為人類最貼身的親密愛人。

呼叫器到手機問世，有錢、有身分、商人、跑業務、黑社會、養情人小三的開始配掛起來，沒事還刻意請朋友扣撥，彰顯人際、身分或生意熱絡的假象。

FB 社群平台、智慧型手機、WeChat、LINE 等社群媒體的相繼問世，短短幾年間，巨大改變了人類互動與社交模式，「低頭族」一詞孕育而生，成為全球最大的家族，已難被撼動取代。

我們每日接收海量的垃圾訊息，過度「沉溺於網路虛擬世界」。根據統計，常人日均使用手機時間約 3～4 小時、刷手機的次數在 100～300 次不等。隨著通訊社交軟體、手遊、電競、5～6G 普及等開發引力，地球人對網路的用量更將有增無減！且所接收的海量訊息大多無益或過水就忘，許多短頻情節類似，重複傷腦，損耗你寶貴的時間。

未來可能一天 24 小時，扣除睡眠、上課或工作各八小時，剩下寶貴的八小時，人類緊貼手機就可能高達 4～5 小時，且多數花在無意義的互通、視頻或遊戲上。許多年輕人越晚越帶勁，上課及工作反而意興闌珊、無精打采！

地球村正被無線通訊、網波所壟罩，這些信息波，是否成為人類無形的殺手？真是成也科技，敗也科技，全人類都該正視！

假如你把生命縮短成倒數 100 小時或一本日曆，你絕對不會陷入虛擬，會更珍惜與親友的互動！每個人都該與超限保有距離，有效限制手機刷頻，可先從日均次數與時間減量控制，再逐步進階提升使用品質。

現在全球許多機構、公司、學校，上班和上課期間都禁用手機，以利團隊與學生專心，效果不錯。人生短暫，切勿過度沉溺於「網路虛擬世界」，美好的印記是千金萬兩都買不到的，把寶貴的時間多留給自己、家人、好友及大自然的山川美景吧！

老古說人生

人生短暫，把寶貴的時間多留給自己、家人、好友及大自然的山川美景吧！

50

趕　急

　　慎能遠禍，「趕急」指匆忙，欲加速到達某個目的或急欲提早完成所設目標，總想跑在時間前面。「趕」易陷泥淖；「急」易生狼狽。趕急中，就如風雨交加，心易亂、事易誤，亂中難免出錯，有時雖搶到時間但卻誤了要事，甚至造成無法挽回的遺憾！任何事都要謹慎，保有彈性，千萬趕急不得。

　　畫面一：有位講師一向自律嚴謹，有回受邀到母校演講，基於過去就學時交通往返經驗，從家裡出發約半小時就可到校，謹慎起見，這次演講他提早40分鐘前出發。車子開至途中發現油表已閃燈快沒油了，心想還有時間先去加油補給，到了加油站，前有2、3台車排隊等候加油，花了8～9分鐘才加完油，心開始急了。

　　沿路比過去交通壅塞並多了許多號誌，就在一個閃黃燈口闖了過去，因急煞與機車發生小擦撞，萬幸中沒造成騎士受傷。趕急中與騎士達成共識，理賠對方修車費五千元，自己的車回去再處裡就好，這一耽誤又花了近20分鐘。到了學校已經超過演講時間近半小時，諷刺的是今天演講的主題是「培養自律與守時觀」，真是糗，還好他機靈順勢以剛才的經歷當案例分享，順利化解遲到的尷尬，此後他再也不敢在趕急中赴約！

　　畫面二：有個女大生畢業後成為社會新鮮人，由於愛美，每天要

用三個鬧鐘（含二支手機），調到上班前三小時起床（家人跟著被吵）。洗頭、妝點、穿搭花約二個多小時，上班車程約 25 分鐘，總在上班前 30 分才趕著出門，在途中發生過幾次小事故，每次出門總讓家人提心吊膽！下班卸妝也要近 1 小時，一天上妝卸妝就要花三小時。

做人一定要搞到這麼辛苦嗎？過度妝點不但沒加分，反而太假，且浪費生命，就不能縮時睡飽些？自己上班通勤更安全，省下的時間也可以拿來充實內化自我，會更加有益實在！

畫面三：某夜校生還沒考上駕照，白天上班、夜間上課非常辛苦。這天要考試跟朋友借了黃牌重機，下班火速違規上路，在某快速道路岔口交會處，剛好有台貨車切入，因天色昏暗，超速下直接撞上貨車的後桿，年輕生命就此結束！

耍帥：許多重機騎士，在山路過彎時為耍帥常把身體壓低，因而發生越線自撞或對撞結束生命之憾事，有些還是知名人士或重機達人。轉個念放慢穩行，讓外人更看清楚你騎車的英姿，還可欣賞沿途風光美景，肯定比耍帥更帥、更安全、更長久！

畫面四：有一則網路笑話，一台飛機在空中突然故障，機上有五人，分別為正副機長、律師與一對母子，但機上卻只剩四個降落傘。機長說：「因飛機故障，無法排除，大家趕快棄機，穿好降落傘跳機保命，我還要趕下班飛機先走了。」副機長說：「我跟機長是搭檔，我也要一起離開。」律師說：「我還有很多官司要打，抱歉，我來不及也必須先離開。」

剩這對母子，母親說：「兒子，現在剩一個降落傘，你趕快跳傘離開，你還小媽媽年紀大了沒關係！」兒子說：「媽媽，還有二個降落傘，剛才律師叔叔背的是我的書包！」哈哈，律師下墜過程一定很後悔，為何趕急中不先看清楚，來不及啦！

發想：人最危險容易出錯的時刻，是危機剛解除的下一秒。人一趕、心一急就會疏忽或遺漏，趕急容易造成心神不寧、臨時抱佛腳，有時連自己的靈魂都跟不上。政策在趕急中草率決議，造成重大損失；為趕場、演講，資料未帶齊；寒暑假的最後三天才趕寫作業；出國前一天才急著整理行李，通常都會漏東漏西，問題層出不窮。

許多社會事件的發生，都是急所造成的，比如開車、騎車時講電話、回不重要的簡訊，或是趕上班打卡、下班歸心似箭橫衝直撞危險至極，有的為約會、趕班機、參加活動怕遲到而違規連連，都是因趕急而發生憾事！很多人因沒遇過不知怕、未清醒！

任何重要任務、赴約、決議或排程，一定要預設彈性時間或提早完成，早到一樣可辦公理事。人生路是要穩定向前行，而非在趕急中粗心大意跌撞而行，平安是成就自我的基要，也是回家唯一的路！

 老古說人生

趕急中，就如風雨交加，心易亂、事易誤，亂中難免出錯，有時雖搶到時間但卻誤了要事。

51

影響力

　　影響力，指藉由自己的言行，改變他人的思維與行為；亦指信任、熱衷、相信、接受，涵蓋協作、戰略、人生啟迪、目標策略等影響！成功學大師史蒂芬・柯維提出，影響力的三層次：1.權威命令；2.利益交換；3.追隨認同。

　　回顧歷史政治影響：第一次世界大戰（1914 年 7 月 28 日至 1918 年 11 月 11 日），奧匈帝國對塞爾維亞宣戰引發一戰開端；第二次世界大戰（1939～1945）：1939 年 9 月德國閃電攻擊波蘭後，英法向德國宣戰；同時日本企圖侵略東南亞，並於 1941 年 12 月 7 日（美國時間），對夏威夷領地珍珠港海軍基地偷襲，隔天 8 日美國參、眾兩院一致通過羅斯福總統對日宣戰的請求，讓二戰起了關鍵的變化，這些都因開端的行為影響，才有中間的轉折與結果。

　　如果以上都沒發生或二戰少了德國、日本、美國與英法俄中，如果沒有希特勒、羅斯福、邱吉爾及其他具影響力的靈魂人物，又如沒有國共內戰，這世界後來會變得如何？許多歷史的衝突因子都跟領導人性格、歷史恩怨、種族、權貴、文化、信仰、地域疆土有關，起因與結局也都因人的決策而生出不一樣的果。如 1947 年的印巴分治，談判雙方對地域分配各有堅持，以及宗教、種族等因素，本形同家人的同屬，卻發生血流成河的衝突，造成數十萬人死亡，影響至今。

影響力無所不在。國家的繁榮、強盛、富裕、政策走向，跟政治人物與選民結構有密不可分的關係，何種選民選出何種領袖。例 2016年 6 月 23 日，「英國脫歐」議題舉世關注，廣大選民被留歐與脫歐領袖的言論影響，許多公民對此議題及國家利弊模糊，甚至一知半解。公投後許多人後悔被誤導影響選擇，紛紛要求二次公投，代表搧動的領導者及選民都發揮歷史性的影響力！

家庭是否和樂，與世代傳承、夫妻融合、子女教養有極大的關係。公司治理是否有成，則與負責人的性格、理念、決策、制度、文化有綿密的關聯。社團是否穩健發展，與接手團隊投入深淺有關。師長的言行舉止，影響著新一代的價值觀。以及我們的親友、同學，都在人生中融合、同化、影響著我們個體。

生活中常有正負二面影響之人，你屬哪種？

某行銷公司每月都會招聘新人，以確保業務運作順暢。每期新人到職前，都要上十天的基礎訓練課程，下單位分發前，同期學員通常會設群組互通。由於業務單位流動率高，其中多數離職同仁都會反映類似問題，群組裡多數內容都是在批判公司、政策，抱怨主管、學長不公、現實，把職場與產業形容得有如絕症般，對公司生態是心灰意冷、鬥志盡失，當然這其中有多數，是屬於個人適應能力的問題！

以上情境常發生在各職場許多角落，意指負面影響力的人總占多數，最糟的是本身已很負面，還不斷去影響、阻攔懷有夢想但意志力薄弱的人，真是悲也！另一種則為積極樂觀、帶有正能量與思維影響力的人。

為何公眾人物，尤其是政治人物、媒體寵兒影響力特別大？因為他們是大眾追捧聚焦的對象，在網路科技的現代，他們的正負言行，有可能掀起蝴蝶效應，除了影響追隨者，更可能讓自己飛上青天或墜

入深谷！

　　每個人都有影響力，盡點心也能讓周邊好起來。你看齊柏林拍攝《看見台灣》的初心與真情，影響了多少人對這片土地的了解與認識。前線作戰指揮官一席鼓舞振奮人心的話，就可能逆轉戰局的走向。因一場演講、一次表演，聽、觀眾對人生的態度與價值觀有了改變，以及因親友的打氣，重新振作武裝奮起各式各樣的勵志故事！

　　不要小看自己，做個正面影響力的人，是人生必修的重要學分！

老古說人生

　　每個人都有影響力，盡點心也能讓周邊好起來。

52

數字觀

　　數字由來有許多版本，較正宗的是「阿拉伯數字」系統，起源於 9 世紀的印度。

　　數字充滿神奇，在我們周圍，如：考試滿分 100、最低 0 分；數學各種運算公式；百米田徑零點幾秒決勝負、體操以 1234、4234 為節拍；許多競技公平準則、傳達、表示、統計，從建築到任何組裝配件都須以精細的數據來計算。

　　當然數字也可用來鍛鍊、強化自我，廣義用到個人，每天都會有正負向的數字呈現。

　　正向數字：心正、日行一善、專心上課、規律運動、勤奮工作、幫忙家務、不遲到早退；負向數字：正的反向，心邪、生氣、抽煙、抱怨、染毒、酗酒、積怨、熬夜、嚼檳榔、偷懶摸魚、吃垃圾食物！

　　例 1：小古以計步器持之以恆，從不折扣，堅定完成日走萬步。來統計一下，1 日萬步，一年就有 365 萬步，如每步均數是 50 公分，那一年等於徒步走了 1825 公里，這是多麼驚人的健康數字。

　　例 2：有回到內地參加為期十天的夏令營，剛好安排的宿舍在學校操場旁，心想從退伍後就沒再練長跑了。遙想當年我可是參加海軍 124 戰技聯隊的成員，冬訓期間，每天只穿一條爆破短褲，晨泳後跑柴山戰備道到西子灣，這回剛好藉此機會鍛鍊回味一下。

經多年歲月摧殘,首日早起跑了3圈就氣喘吁吁停下休息;隔日,堅持跑了5圈;第3~9天日增1~3圈,到第九天已增至23圈,而且是跑最外圈道,其實還可續跑,但因時間不足只得停下整裝趕行程。

練跑心得:前三天是上氣不接下氣,第四天起除前5圈稍累,第6圈起,當吸吐氣與肢體律動調節契合後,跑起來就順暢多了。藉由數字激發自己,一天加一點積累堅持下,就會釋放驚人的成果。

例3:日本保險推銷之神原一平因身材矮小,只有145公分、其貌不揚,業務初期常讓人取笑,於是下定決心為己爭光、爭榮。其中,設定每月發1000張名片、每日拜訪15組客戶,創造與客戶面對面接觸行銷的機會,未達標就不下班,如有特殊因素無法完成,也會於來日補足,縱使腳已走到長繭起水泡,他仍堅持完成目標。曾在三年八個月內,拜訪同位大客戶70幾次,進而成功獲取訂單的紀錄。

他還把微笑分成38種,不斷對著鏡子練習、在實戰中演練優化。長期有效的數字管理,奠定他日後成功的基礎,創下日本連續15年人壽保險第一的紀錄!成功別無他法,就是積累好的數字,如果是你,做得到嗎?

許多人都因「態度消極」,怕苦、怕累、無法堅持延續,只挑輕鬆的事做,那起跑線就注定落後於人!

優化觀點:每天讓正向數字上升,如對當下每一角色盡責、讀篇有益文章、讚美與微笑日增等,真理無窮,進一寸有一寸的收穫,高一尺的眼界與視野必添壯闊!

人一能之,己十之;人十能之,己千之。能力條件不如人,所耗雖艱辛,但最終仍能抵達終點!當你每天習慣自我要求,正向數字就會持續優化,負向數字將逐漸遞減,積累下,一年後再回頭檢視,你的能量與光環無須自誇,肢體自然會投放而出,你將獲得無數的正向

反饋，這絕對是千真萬確的。

　　先來個愛的鼓勵，從可行的小目標堆起，如每日做 1、2 件有意義的實事、運動十分鐘、讚美一個人、不說垃圾話，馬上行動吧！

老古說人生

每天讓正向數字上升，進一寸有一寸的收穫，高一尺的眼界與視野必添壯闊！

53

緣與福

　　惜緣，珍惜人生中所接觸一切之緣；惜福，珍惜上帝作合及自然交融所遇之福。相識靠緣分，相知靠真心，相處靠珍惜！

　　生命是趟旅程，路過都是風景，擦肩都是過客，所遇皆為緣，回憶盡是念！世事無常，瞬息變化，世間萬事萬物皆有緣，有時「緣福」的降臨只是偶然剎那，在我們生活中邂逅、停駐與流失，當你遇上時要特別珍惜與呵護，避免留憾！

　　全球近 78 億人口，台灣約 2360 萬人（至 2020 年）。此生有緣成為一家人、夫妻、子女、兄弟姊妹；為同學、同事、好友、社友；同國籍、同宗、同鄉、同團、同桌；看同場電影一起喜怒哀樂與驚恐；搭同班車、同電梯、對焦問候等，這百千萬分之緣，要倍加珍惜，何必有時為些許小事與人鬧情緒、不順眼、拒往，枉費上帝讓你做人，不值也。

緣盡福盡畫面

1. 青梅竹馬愛情長跑，有情人終成眷屬，婚後卻以個性不合離婚收場。

2. 職場裡跟主管不對盤、同事處不來、搞小團體，不變的性格到

哪都無法與人融合,問題在己!

3. 跟家人嘔氣離家出走,聚少離多讓血緣親情逐漸消淡!

4. 好友因某事誤解產生心結,自此友情斷線!

5. 好同學因分班或升學,常因換了新環境、新同學,漸成陌路,相遇時從熱情問候、點頭微笑,到最後變成刻意避開或當沒看到,彼此也不知是何因。

6. 小時候的超級玩伴,也常因人生跳階友誼轉淡!

7. 不知足者,常對時事不滿,怨天尤人,怪東怪西。

反思一下,真有這麼大的過節嗎?動不動耍個性、眼裡藏針長柱、萬事不順眼,有時一個微笑、關心、一句問候、一次邀約,主動釋善即能化開。

某國小同窗畢業近 30 年,在幾位熱心同學串連下,很快地集結近 90% 的同學建立群組。初期群組裡是一片憶當年的回顧發表,相片這位是誰、他變好多、她沒什麼變,笑聲不斷、熱鬧非凡,互動穩居各群組排行之冠。因互通便捷陸續辦了幾場餐敘與活動,相當熱絡。

然少數同學對某人與事,會私 LINE 請同學評論,都是些小事,但因傳話者轉述常表錯情、加錯料,經幾手不同文字訊息的錯解,很快有些同學負評就蔓開。原本一團和氣的群組,更因某次幾位同學在公群裡對立互評,讓數十年久別重逢的緣生裂,太不成熟了,老同學這齣戲原味已失。很快的群組由熱轉淡,少了熱情與歡笑,剩下的是零星問安、節日與生日的祝福及偶曇花一現的熱線,「老同學」之緣在瞬間急凍,可惜了,誤解已成,當年的純真回不去了!

世間相處之道,「人為善,福雖未至,禍已遠離;人為惡,禍雖未至,福已遠離」,當你不知珍惜揮霍超額,福也會消盡!

　　所謂百年修得同船渡、千年修得共枕眠、宰相肚裡能撐船、有容乃大、海納百川，都在勸誡我們不要因某事、耳語，而主觀論斷、拒往，不智也！

　　人生不順遂常有八九，肯定會有缺陷與遺憾，百花含苞待放時最美，因盛開時離凋零就近了。萬事隨遇而安，你也曾經年輕瀟灑、春青過，但當時你卻不這麼想，總想要得更多。

　　許多人犯貪不知足，打光棍時，老想有妻真好；有了老婆，卻又怨嘆有個情人更好，又常在離婚後，才體悟另一半的辛勞與貼心；嫌父母嘮叨，雙親辭世才廢話說來不及彌補孝道，已枉然。

　　人生什麼最好，有錢人說健康最好，窮人說有錢最好，盲人說能看見最好，聾啞說能聽能說最好，乞丐說能溫飽就好。坐輪椅總懷念還能拿拐杖時的方便，對現下擁有的總是忽略！要善待當下每一刻的自己，你身體健康、平安快樂、家庭美滿，還能品嘗人世的酸甜苦辣，這些自然平凡，每天發生的事都該去珍惜！

　　2020 年新冠病毒肆虐期間，猶如第三次世界大戰爆發，幾乎影響百工百業，侵略不分貧富貴賤、名人與凡人，機率平等下也算是另種公平。在確診與死亡率持續攀高壟罩下，各國實施管制封城、鎖國，才發現爭名奪利幾十載，一柱輕煙化成灰，除生死外，其他過去追逐相競都是虛渺不實的小事。口罩及各類防疫品成為排隊搶購的必需品，最強的競爭力竟是「免疫力」，宅在家當廢人竟成公德與愛國的表現。人們才知自由、自主的可貴，最佳的祝願是「平安健康」、「一家團圓」，只求疫情盡快控制解除，恢復原有的社會秩序與規律生活。

　　一切有為法，如夢幻泡影，如露亦如電，應作如是觀，只有永恆是不變的。擁有精神與內心的富有才值得驕傲。萬物皆有定數，所有的偶遇，均為緣；所有的失去，均屬緣盡。

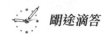

　　嘗試放下固執、貪欲、罣礙，既無法強求，就學會知足、感恩，當下才是真，要凝望、擁抱、專注、感受它。命裡有時終須有，命裡無時莫強求。快樂的元素乃「知足常樂」，知足者，雖貧而富；不知足者，雖富而貧。當然，靠努力提升生活品質是種追求，但要取之有道，心態要健康。

　　「行善積德」乃上等風水，要勤耕福田、廣結善緣，人生短短幾十年，到此一遊，珍惜也是一種才華，要盡可能降低不必要之缺憾！

 老古說人生

生命是趟旅程，路過都是風景，擦肩都是過客，所遇皆為緣，回憶盡是念！

諸葛亮的十堂課

　　諸葛亮，字孔明（181～234 年 10 月 8 日），琅琊（今山東省沂南縣）人，是三國時期的政治、軍事及謀略家。他簡短八十六字的《誡子書》，對為學做人卻有精簡具體的忠告，真正的智慧，可超越時空，歷久彌新，全文如下：

　　夫君子之行，靜以修身，儉以養德；非澹泊無以明志，非寧靜無以致遠。夫學須靜也，才須學也，非學無以廣才，非志無以成學。怠慢則不能勵精，險躁則不能冶性。年與時馳，意與歲去，遂成枯落，多不接世，悲守窮廬，將復何及！

品嚐這十堂課：借力使力

　　第一課：寧靜的力量，「靜以修身」、「非寧靜無以致遠」、「學須靜也」。

　　寧靜能修身養性，靜思反省。靜不下心，則無法有效計劃未來，現代多數人終日忙碌，你是否在忙中靜思人生方向？越想爭，越要靜；越心急，越要穩！

　　第二課：節儉的力量，「儉以養德」。

　　節儉培養自己的德行，審慎理財、量入為出，可擺脫負債困擾，

過簡樸自在的生活，不致成為物質的奴隸。在網海世界誘惑下，能否培養節儉美德？許多年輕「月光族」奢度揮霍；小姐、太太們總是「喜新厭舊」，衣、鞋、包、飾等，永遠少一件，毫無罪惡感，且穿搭戴配幾次後就打入冷宮。

第三課：計畫的力量，「非澹泊無以明志」、「非寧靜無以致遠」。

要計劃人生，不要只重名利享樂，要清楚志向，哪怕小成就也遠勝一無所有。面對未來，你有理想、使命感與清晰的價值觀嗎？

第四課：學習的力量，「夫學須靜也」、「才須學也」。

靜心能幫助學習，要點燃自己的求知慾與好奇心，才幹均由此而生。

第五課：增值的力量，「非學無以廣才」、「非志無以成學」。

要增值必先立志，不願付出學習就無法提升自己的才幹。缺乏意志力，就會半途而廢，現實是一鼓作氣的人多，堅持到底的人少！

打香腸：小古跟傳統香腸攤老闆玩丟骰子，第一局贏了一條；第二局續拗又贏，變二條；第三局再拗贏，變四條。請問，小古連續30次都拗贏，老闆共輸了幾條香腸給小古？這倍增答案很驚人！香腸老闆心想大不了整攤香腸賠給你，但他可能想不到，就算賺百輩子都可能還不清，答案是 1,073,741,824 條，公式：$1 \times (1+1)^{30}$，假設一條香腸是 10 元，老闆輸欠小古近 108 億元。切勿小看無形中增值的力量。

第六課：速度的力量，「怠慢則不能勵精」。

凡事拖延即難達標，掌握速度與品效才有機會勝出，當下、今天可完成就不拖欠。

第七課：性格的力量，「險躁則不能冶性」。

急躁無法陶冶性情，思想影響行為，行為影響習慣，習慣影響性格，性格影響命運。衝動易生錯，要綜觀全局，謀定後動。越忙，越要照顧好自己；越忍，就越能看清事態。

第八課：時間的力量，「年與時馳」、「意與歲去」。

時光荏苒，歲月如梭，意志力會隨時間消退，少壯不努力，老大徒傷悲。時間是公平的，要做好配置，昨多幾分鐘準備，今少幾小時損耗。面對的昨天、以前越來越多，而明天、以後越來越少的壓力，你有珍惜當下「爭分奪秒」，把人生帳本翻出檢視嗎？

第九課：想像的力量，「遂成枯落」、「多不接世」、「悲守窮廬」、「將復何及」。

時光飛逝，當與世界脫節時，才悲嘆蹉跎歲月也於事無補。居安思危，才能臨危不亂，想像力結合行動力，比知識更有力量，你是否有從大處著想、小處著手、腳踏實地，規劃人生呢？

第十課：精簡的力量。

諸葛亮用精簡八十六字，即傳遞具體的處事之道，1800多年前的智慧至今仍很受用！

 老古說人生

缺乏意志力，就會半途而廢，現實是一鼓作氣的人多，堅持到底的人少！

55

養好習慣

我們日常生活的習性，大多受家庭、學校潛移默化所染，一旦習慣養成欲想改變，就須花上相當氣力才能修調，例：家人都說我喜歡碎碎念，明知想改卻總改不了！魔鬼藏細節，成功首要，養好習慣內含倫理道德之品格。

假設你今天退休了，你會每天睡到自然醒，還是跟過去一樣自主規律，時間到就起床呢？起碼有二種反應：

第一種人會想，我辛苦了大半輩子，期待逍遙自在的日子終於報到，於是從退休後作息開始起了變化，逐漸養成隨興慵懶的惰性。

第二種人在退休前已養成早起早睡、高效排程的習慣，退休只是換個生活方式，由工作轉為休閒、運動、植栽怡情、公益活動等，對自律未有懈怠。

你想這二種生活態度，時間久了會變如何？起碼體態與心智會有明顯的差異。

再看，每年春節連假，大夥沉醉在放鬆、吃喝、糜爛下，體重大多直線上升！再如 2020 年新冠病毒疫情肆虐，各國在封城、鎖國限縮管制下，紛紛延後開學、開工，每天在家看疫情報導、追劇、吃睡、打電動也不是辦法。積極的人總會找些有意義的事做，如運動、充實新知、整頓環境，數年後再回首，也會變成一段有意義的亮點。

菲爾普斯（1985 年 6 月生），美國游泳名將，是史上獲得最多奧運獎牌的運動員，擁有 28 枚奧運獎牌，其中奧金有 23 面，在個人項目中，就勇奪金牌 13 面、獎牌 16 面的紀錄。全盛時期的三段重訓：

1. 游泳課：一旦下水就全神貫注，並設計各種臨場突發狀況，如上賽場遇蛙鏡進水、泳衣破掉等，使得他遇事都能從容面對。他每週練游十萬米以上，對艱苦磨練始終融入其中。
2. 重訓課：反覆鍛鍊身體各部位的肌耐力與肺活量。
3. 心靈激勵課：培養堅強的意志力、榮譽與企圖心，他把麥可喬丹視為超級偶像；就寢時間一到就上床睡覺。

還有很多鍛鍊細節，此堅毅的態度、反覆鍛磨的好習慣，讓他獲得至高無上的榮耀！然 2009 年 1 月 31 日，英國《世界新聞報》獨家披露菲爾普斯吸大麻的訊息震驚全球，這是從好習慣轉換到惡習之果。事後他表示會力圖振作做好公眾人物的榜樣，祝他成功。

團體旅遊常會碰到集合時，總有人不太合群，睡過頭，等老婆、女友化妝，購物、迷路等，而遲到的人總是相同的那幾位，上車後再來一堆理由說抱歉，好像是理所當然！你想這種人是出遊才這樣嗎？多數一定是平日就慣壞自己，這樣人緣會好嗎？肯定不理想！

好習慣：重時間、品效、態度、紀律。

例 1：生活規律，一樣的時間，不一樣的生活，上課、工作還有日夜之分，有人一天上班 8 小時、有人 12 小時。不論何種生活，自律者總會做好時間分配，每日保持 7～8 小時的足眠，把精氣神調到最佳狀態，避免身心過度疲勞。網路誘惑下孕育許多現代夜貓子，造成體能超載，睡眠嚴重不足。

例 2：運動減肥：我退伍時身高 176 公分、體重 68 公斤，重返社

會轉換幾個工作後，進入服務業。間隔約 10 年，有回閒暇整理相片時，剛好十年前後的相片同時出現，對比下體態有如天壤！

十年前那位自稱劉德華的我，十年後竟變臃腫、肥大啤酒肚、數層下巴、眼睛瞇成一線，體重達 90 公斤的油人！當下警惕決心要減肥，即使不能當回華仔，至少回到瀟灑的體態過過癮也好，且標誌的體態會給己帶來極大的自信！

減肥計畫：吃藥怕有副作用直接排除！最終選擇大眾減肥法：少吃、多運動，好處多多，可減肥、加速代謝、好氣色、增強記憶、動作敏捷、器官高效協作、降低精神疾病，少生病等。

節食在減肥初期是談何容易，尤其飢餓時美食當前的誘惑，在強忍克制下逐步酌減主食、宵夜，少沾油膩、甜食、零嘴等，避開不必要之餐敘！

運動更如地獄般煎熬，想藉仰臥起坐讓肚皮消風鍛鍊結實的腹肌，初期自主做了 10 幾下就腰酸難耐，但我咬牙每天加碼增量，不到 1 年，我每天已固定做到約 800 下仰臥起坐（32～35 分鐘）。

每日固定 5 點多起床，全日逐步增加的運動有起床前搓揉手腳、拍打五臟六腑、搓耳。盥洗後，再輪做跪姿滾輪、仰臥起坐、棒式、盤腿、拉筋、壓彈簧桿、拉單雙槓、甩手、轉腰、啞鈴、呼拉圈、伏地挺身、凱格爾運動。堅持日走萬步，減少搭電梯、改爬樓梯等習慣，有空檔就會不自主轉動筋骨、拍打身體、握拳收放、深呼吸等，日均運動一個多小時保持至今！

你聽起來會以為我在吹牛，但這是真實養成的習慣。假設你（男）現在伏地挺身只能做十下，如果你每天加一下，只要堅持 90 天後你就有機會做到 100 下，起碼體能會大幅躍進，這就是積累的力量。

運動心得：只要一天偷懶或因故無法完成就會渾身不舒服，內心

會有很大的罪惡感。出國或不便時，總會在前後找時間把量補足，絕不相欠敷衍。當習慣養成就會融入你的細胞與血液，就跟跑馬拉松、登山、玩單眼相機一樣。

要想擁有強健的體魄、合宜的體態，就要減少應酬、多運動、常拉筋、少吃油炸、零嘴；想要成功出人頭地，就需孜孜矻矻、高效工作，遠離舒適區，長期積累、堅定落實。

好習慣由自律養起，當別人睡到 7～8 點，我已早起做了許多有意義的事。

一日一錢，千日千錢；如繩鋸木斷，滴水穿石，集小勝為大勝，積小敗為大敗的道理一樣，每天堅持不懈的小動作，會在未來日常開花結果。

好習慣助你一生，惡習也將誤你一生，凡事勤則易，怠則難；把目標轉為行動，不要積懶成習，慣壞自己，Let's go，行動吧！

老古說人生

凡事勤則易，怠則難；把目標轉為行動，不要積懶成習，慣壞自己。

56

駕　馭

　　隨時代科技的進化，人類輔助器材不斷更新迭代，如：交通器由古老的牛馬車，進化至各種的汽機車、航海與飛航器。

　　以開車為例，早期懂得駕馭手排車的老手，上路時會隨路況變換檔速，走高速公路會以高速檔駕控，如以低檔開快車，除危險外，車子很快就會報廢；遇上下坡、彎道或塞車時會以低速檔接招，如下坡彎道以高檔行駛，就會置自己於險境。

　　懂得駕馭的人，會定期保養並依功能靈活駕控，以確保機能穩定安全。我們亦同，要懂得駕馭身體的每個系統功能。

人體構造四大組成

1. 頭部：有大腦組織，是導航的總指揮所，一個人的思想、情感都由大腦主宰；另有眼、耳、鼻、口等生理功能。
2. 四肢：上下四肢，負責大腦指令執行任務。
3. 軀幹：含五臟六腑及相關的協作系統。
4. 其他：神經系統等。

如何駕馭人體複雜的系統

思一：器官功能極致發揮：首要把身體速律調好，重視睡眠、飲食、健康、生活規律、多運動。

思二：知識力量：涉獵新知，融入生活中成就自我。當別人不知、不懂而你知、你懂時，機會就來了！

思三：降低系統傷害：拒煙毒、不酗酒、不趕急、少熬夜、不情緒化、不嚼檳榔。

思四：優化人際網：參與社交，有機會進入幹部群，在活動中學習領導與表達能力。

思五：厚實正能量：不抱怨、不忌妒，嚴拒負面言行思維，汙染個人形象與口碑。

同款車有些人開幾年就不堪使用，有的卻能保持良好的CP值。同樣的，人體屬一台「生化機器」，涵蓋內外功能，但非人人都能駕馭得宜。常看到年輕人剛入社會就拚酒、叼煙耍帥、滿嘴檳榔、紋身刺青、出口成髒、嗆聲拚輸贏，自損形象，不懂愛惜與駕馭。

所以，自己要多了解、保養、重視、關心，你的器官組織才能有效持久發揮到極致。

體悟：面對變化越來越快、不確定性越來越高的未來，切勿墨守成規、故步自封。

精神裝置：每個器官都如精密裝置一樣，要隨角色不同重組啟動、高效駕馭、專注當下。機械要保養、休整，人體亦同，每個人都還有優化的無限可能，切勿過載損耗身體，要做個優秀的自駕操控者。

57

學習與求知

　　每個人除先天的本能，其他所知、所懂、所會，都是從學習中成長積累。多數人都喜歡沉浸在熟悉的環境中，而不願挑戰陌生、不熟悉的領域。我們自踏出校園固化後，對新事物的涉獵與探索，多是意興闌珊、被動消極，總挑輕鬆、無壓的生活選項。

　　進化摺疊：衡量人類進步的文明尺度，把複雜的事摺疊成簡便，例：二戰期間美軍為前線軍人設計了巧克力、營養口糧及各類的罐頭食品，進而解決暴露行蹤、行進間炊火不便與補給彈性的問題，同時也提升軍人的營養補給，畢竟有體力，才有意志力與敵軍纏鬥！任何對已加值之法都值得學習，進步在相互激盪之中，原地打轉必落後於人！

學習的反饋

1. 增強溝通與談判能力：精準思維，言之有物，言之有理。
2. 提升充實感：與時俱進，清楚掌握社會脈動，開拓更寬廣的視野！
3. 厚實正能量：助你成功的隱性力量。
4. 優化職場競爭與適應力：專業技能、協作、圓融、彈性的應變能力。

5. 擴展人際網：助你在生活圈加持有料。

求知方略

1. 鍛磨淬鍊：培養個人多元興趣與專業技能。如受邀上台演奏薩克斯風，會讓台下一票不懂的人稱羨與讚賞。
2. 溝通本事：強化語文與口條，充實時事、新世代火星文。
3. 產業趨勢：涉獵本業及未來趨勢動向。
4. 歷史與地理：常有書到用時方恨少，事非經過不知難之感，被考倒！
5. 借鏡：以銅為鏡，可正衣冠；以古為鏡，可知興替；以人為鏡，可知得失，以歷史成功與失敗案例找解，降低失誤，借力使力。
6. 多元思維：大量閱讀。如讀《硎途滴答》獲取正能量。

強化學習功能

1. 靈感來時：把它記錄下來建檔，變成你的百科寶庫，隨時取用。
2. 找解：當遇解釋名詞、歷史人物或重大事件模糊時：如三國、商鞅變法、二戰、希特勒、311、911、921、次貸風暴、黑死病、SARS、新冠病毒，印象模糊時，即時上網蒐解加深印象。
3. 挑戰：參與任何組織或社康活動，有機會就勇敢上台，提升演講膽識或主持大局的實戰體驗！

農業時代，沒有網路通訊、百科快搜，當大專學聯考、公務員考試時，獲取知識的管道只能透過老師、書店、教科書、圖書館及補習

班,或父母、兄弟姊妹等,能解惑的管道是少得可憐。所以,當時能金榜題名、中狀元很不簡單,親友們會打匾額、放鞭炮祝賀,主人則有擺桌宴客之習,分享歡喜之情。

老師,是把自己的思想裝進別人腦袋的職業;老闆,是把別人的錢裝進自己口袋的職業。想成為這二種人,都必須透過學習鍛磨。進階:山不厭高,海不厭深,不登高山,不知天之大;不臨深谷,不知地之厚,聽過、看過、理解尚不足,要學以致用、做出貢獻。

例如因應少子化、老年化趨勢,許多年輕人與老人興起養寵物為伴,你因而嗅到商機,激起興趣,「躬身入局」,投入市場,學習相關實務、知識與專業,參酌各國經營模式等。經1、2年淬鍊後,開發出多元的「寵物萬通館」──出國或遠途的寄宿所。當對手想趕超,則必須從零學起,你卻已經遙遙領先,無法輕易被破網。

現代求知工具便捷豐富,許多還免費,你卻還在偷懶!有不知則有知,無不知則無知;不思固有惑,不求故無得,不問故無知。你絕非世上最能之人,所以沒有理由停下腳步,學會的東西,別人搶不走,每天吸收些對生活、工作有用的利器,長期積累它絕對是你的一把尚方寶劍,只要一出鞘就光芒耀眼。

老古說人生

你絕非世上最能之人,所以沒有理由停下腳步,學會的東西,別人搶不走。

58

機會成本

　　機會成本（Opportunity Cost, OC），指決策過程中面臨多項的選擇，當中被放棄而價值最高的選擇（highest-valued option foregone），又稱為「替代性成本（alternative cost）」，類似天下沒有白吃的午餐、魚與熊掌不可兼得的概念。

　　例：甲現在有半天的時間，可挑選A、B、C三個方案來完成某件工作，他若選擇了A，就等於放棄B、C二項的機會。又如小古已選擇青年首購津貼，因資源條款限制，他便失去辦理國民住宅優貸等社會福利的機會，國宅優貸即是小古首購的「機會成本」，放棄的選項有可能比選擇的價值更高。

　　機會成本＝外顯成本＋隱含成本。外顯成本即實際的支出，隱含成本則為時間、效益等。

　　店面出租：甲租方月租五萬可馬上訂約，乙租方月租付六萬，但要等十天股東會確認後才能訂約，要如何選？有時因決策錯誤，反變成二頭空，當然，考量業種持久穩定性也是選項之一。

　　機會要符合自身條件，例：某農民只懂畜牧，那麼倉管、養殖就非該農民的機會成本。

　　機會成本解讀稍有不同，但概念相近，決策常在你我生活中上演，掌握速度、高效決策，自能爭取更多的加持與能量。列舉：

例 1：這週末有同學約你看電影，另有朋友在此前就邀你餐敘，一般人會擇一赴約，當你選擇其一，就等於失去其他選項。其實如不重要，你也可二場邀約都婉謝，把二擇一改成三擇一或 N 擇一，選擇讀本書、運動、聽場線上演說，充實自我，優化競項。

例 2：週日上午小江在思考，中午要吃麥當勞、肯德基、披薩或鐵板燒。當他決定某項，他便失去享用其他餐點的機會，因為吃飽後，正常要到晚餐才會重新選擇！

例 3：擇偶，當你選擇某君為終身伴侶，你將同時失去過去、現在追求及未來緣分未到的甲乙丙丁。就算可離婚重新選擇，但你的殘餘價值，也已跟過去青春無敵難相抗衡，當然，你也不能一直期待更好的出現，適當良緣契合達標時，就該決定下標，總不能等到人老珠黃，隨年紀增長就越沒本錢與條件！

例 4：考試前 A 生選擇認真溫習找解，B 生照常玩樂，結果已定！

「機會成本」也可稱「機會損失」，如有更理想的卻錯失了就是一種損失。日常生活中要學會刪減重要與不重要，決策時不要把享樂、面子、義氣看得過重，要看得長遠。當然工作與休閒均衡有其必要，但該吃苦、該勤奮、該用功、該充電、該忍耐、該把握機會時，就必須重視品效全力以赴，這些都是成功路上進階的路徑。

選擇這個，同時失去其他，也因為每個人的時間是固定的，所以，每一次精準的機會決策，都在積累厚實你的競爭實力與本錢。

機靈與糊塗

　　機靈，指聰明伶俐、機智應變、敏捷靈活、舉一反三。糊塗，指呆板、犯傻、不靈光、頭腦不清；也有大智若愚裝糊塗，襯托他人或自保的。

　　生活中常遇二種人，一是做事高效、圓融有序、超出預期；另是古板、不苟言笑、說一動做一動、講一套做半套，多一事不如少一事的人。

　　例1：有間公司新聘一位秘書，主要工作是接聽電話、接待客人、職場清潔維護。某日老闆來電說，待會會有二位訪客，請她先將人安排到會議室等候，秘書說好。

　　客人來訪時，秘書就把客人帶到會議室。半小時後老闆回來，會議室只開了小燈，這段時間秘書連杯茶水都沒奉上，會議室與桌面雜物也未收整，秘書則開著電腦聽音樂、看購物網，老闆看到簡直快吐血，強忍怒火請秘書先倒茶水，結果竟是倒九分滿的冰水，杯裡還有茶漬。

　　送客後，老闆問秘書今日種種，秘書回說：「老闆請我把客戶帶至會議室，我都照做，燈與雜物我是真沒想到；茶水我是想等老闆回來再倒，大熱天喝冰水客人舒服些。」老闆是服務業出身，身經百戰，也不再多質問，直接把秘書資遣。心想，難道這麼簡單的道理也要指

導才會做嗎？說一堆理由，理當機靈變通，把環境及接待區打理乾淨、燈打亮、開空調、杯具洗淨、禮貌奉上熱茶或咖啡並適時補給、請客人稍待片刻！

例 2：小胖常被人取笑胖呆，於是想積極減肥，把胖子之名給洗刷。他選擇每次挑戰不同的山岳，做為減肥計畫之一，既可運動，還可欣賞不同山巒美景。有回新挑戰爬到半山腰時，發現有個巨大的洞穴，好奇下，走到洞口對著裡面喊，裡面有人嗎（台語發音），山洞裡就傳來嗚嗚聲，小胖就被火車給輾斃了。聽起來是個笑話，他起碼看得到鐵軌，基本常識就可以判斷，這裡是火車隧道吧！本篇寓意在於，許多人在日常生活真會犯迷糊，不經思考想到就做！

例 3：某業務接到來客電話說要看房子，他很興奮，心想成交機會來了，到了現場才發現沒帶房KEY出門，客戶額頭是三條線。有些電話沒有顯示來電號碼，常有業務接到電話沒問細節、沒留電話就急著掛斷，準備出門時才想自己要幹嘛、客戶姓啥、要看哪間房子，客戶被掛得莫名其妙，通常不再回撥！

例 4：許多女性學烹飪，會看食譜、網路教學或拜師學藝，好抓住老公的胃。通常每道菜師傅都會列舉主食備材多少與佐料配比，有些沒悟性的學員一切按表操課，例主食材一斤，醬油、鹽巴、米酒、糖、蔥薑要配幾克；烹煮的順序是先放主食，再煮……以溫火煮多久再放入何種食材、最後灑多少克糖、悶煮幾分鐘後起鍋。每烹煮一道菜都要秤重、計時，斤斤計較，總是犯糊塗，缺乏機靈與通變。

其實師傅只是傳達概念，並非每道都要量秤計時，真正大廚需要量計嗎？他只要目測主副食材量，憑經驗直覺就可直接以鍋勺配比加料，無須計時，火侯控制、掀鍋與起鍋恰到好處，一道道美味佳餚即可上桌，這即是機靈。

例 5：有位業務主管，轄下管理店頭都在都會區，由於車位不好找，臨停常被開罰或拖吊，所以，好天氣時改騎車到各店視察，雖辛苦，但可順便深入了解市場，一舉數得。

有幾回很糗，有回巡店出來準備騎車時，拼命找眼鏡，回想剛走出店頭確定還在身上，在原路來回找了十幾分鐘，就在準備放棄時，在一片玻璃反射下，看到襯衫口袋鼓起的眼鏡。另有一回，巡店離開時發現手機不見拼命找，回店頭問同仁有無看到他的手機，同仁回：「長官，手機就在你手上啊！」；還有「我的筆嘞？」，「夾在耳縫上」，這些對話不時發生，好笑吧，常有人犯此糊塗毛病！

例 6：丟三落四：常有人急著出門，車開到途中才想到手機、公事包、資料、禮盒、錢包忘了帶，又繞回家拿，自己找罪受。

例 7：有位仁兄簽樂透彩，老闆娘結帳遞交彩券時，手漏了一下讓彩券掉到地上，她馬上機靈說：「好重好重，帥哥你要中大獎了」，客戶聽了很爽再加碼！

例 8：經典案例：1985 年美國有個判例，根據聯邦法律的規定，礦主為維持自己對礦的產權，每年必須在土管局系統登記一次，申報截止日是每年的 12 月 31 號之前，否則就視為自動放棄產權。

有位礦主在 12 月 31 號當天提交材料。問題來了，12 月 31 日前不包括 31 號當天！礦主辯解說，按照他的常識與認知是包括的啊，但土管局說，國會立法規定的是不包括。

這片礦產價值幾百萬美元，年收約壹百萬美元，在 1980 年非小數目。就情理，是剝奪礦主的財產，但最高法院最終判決礦主敗訴。理由是法律是人類社會的最後責任，雖同情礦主的巨大損失，但法院不能把日期修改，法律明定是不包括 31 號當天。如可修改，那很多爭議的日期都可改了！這麼重要的事，難道礦主就不能提早些去登錄，一

定要犯糊塗等到自認的最後一刻嗎？

　　機靈常是鍛鍊出來的，糊塗有時也是慣養成形。凡事多細心思考，重要的排程或報告，事先確認幾次避免出錯；充分準備、多連結如果這樣做接下來會如何；保留彈性提前完成，糊塗毛病就會少犯，自然就會聰智機靈些！

 老古說人生

　　機靈常是鍛鍊出來的，糊塗有時也是慣養成形。

60

優秀重不重要

　　十年寒窗無人問，一舉成名天下知；窮在都市無人理，富在深山有遠親。「優秀」重不重要，太重要了！它非炫耀，而是實力、魅力與競爭力的表徵。打造不易複製的優質品相，最關鍵的救星及貴人就是自己。

　　在學時，班上選班長與幹部；社團選會長與理監事；企業徵才與挖角；父母家業交棒；選舉選賢與能，這些相對關係人，跟優不優秀都有極關鍵的影響。

　　以業務為例，店與店業務常有輪動，通常店長都會評估該業務的績效與人品，作為換角與選才的考量，績優及人緣佳的業務，老闆要巴結你、同事會靠向你、同業要挖角你，如你是兩光的業務絕對沒機會，因為經營者總會計算成本，挖角優秀的人才，有時可像葉問一個打十個、以一擋百。

　　「優秀」要全方位，有些業務能力強、績效亮眼，但人際關係奇差，與上司不對盤、自視甚高、與同事常起衝突，出勤率差、職場少有參與維護，因而成為全店的公敵，此性格嚴重影響團隊士氣與和諧，常造成主管治理公平性的困擾，導致團隊人事的高流動率，拉下總體均效！

　　有些業務自我管理佳，但晉升領導幹部後，常以高傲姿態對下屬

酸言酸語：「混帳，怎麼教都教不會、我再說一遍、你看他店的士氣……我們呢，散沙一盤！我要是被檢討，你們也別想好過」，這種工作氛圍，團隊士氣與績效自難突破。有些主管不捨分享，飯麵、肉菜，連湯都想獨享！

自我管理與領導團隊有很大之別，管理是很高的學問，它是一套大家行動遵守的規則；組織則是在無領導下，仍能正常自主協作！

「優秀」要發自內心，以積極健康的態度孕育「正向能量」，做個陽光樂觀、正直厚道之人。一個掃地草率的人，只剩自私，其他萬事都可能敷衍帶過。

江湖闖蕩有一定的套路，凡武林中的俠客都是高深莫測，不隨便出招，一出手對手就降伏，可做為學習超越的目標。百業競爭中半桶水的人到處都是，當你修練到對手難以突破之招，就跟鈔票一樣無論新舊都不損其價值；拳擊比賽或格鬥競技時，雙方正式交手前通常會怒目相向、講一堆垃圾話激怒對方，然能在台上以實力擊倒對手才叫真本事。

石頭滿地少有人理會，唯有把自己雕塑成「黃金鑽礦」時，無論身處何位，都會是光芒耀眼、競相爭搶的對象。李小龍：「我的自信，來自我的實力！」

建置人際網：企業要用心經營品牌與口碑，個人當然也是，由內而外，從親友到同學、同事、社團的口碑認證，長期積累、精心雕琢。有個人際鏈的考題是這樣的：你是否有能力以六個管道，找到全球任何一位想找的人？例如你朋友熟識郭董，請他引薦美國總統或馬雲給你認識，這只用了 2～3 層關係。

插播：有幾回在超商整理資料，碰上一群國中生下課在休息區玩手遊，對話盡是參雜 135 字經，心中感慨，他們正值萌芽成長期，就

離優秀越來越遠！

　　善用周邊一切資源成就自己，如業務就能善用媒體時事、政府法令、公司差異、有利資源與數據等，製成檔案作為與客戶談判取信的籌碼，當說服力提升績效自滾而來。

　　再複習一遍，交友與公司徵才會擇優、團體組織遴選幹部都以優為先、出國比賽擇優、奧斯卡角逐也是！你看，許多老少配全因看中對方的財勢，如果你財勢兩空，誰都不會理你。許多國際知名大學會以綜合評比，如歷史成績、資歷、專長、社交、公益、卓越表現、捐款多寡作為錄取要件，以提升學校的競爭力，這也是競優的概念。

　　發想：滴水成河，粒米成蘿，日日行，不怕千萬里；常常做，不怕千萬事。除非你想成為一流、頂尖，否則永遠都是二流；有實力吃市場，沒本事看人吃；寧為有瑕玉，莫做無瑕石。

　　「優秀」是知易行難，需靠行動積累，懂得苦其心志、勞其筋骨，春播、夏耘、秋收、冬藏的道理。成功人的特質，就是永保一顆上進的心，把目標與執行力，當作被綁架般的上癮，把好的環境與心態建置完備，把吃苦當作進補、把跌跤當階梯！

　　盡可能做一位全方位優秀的人，當態度、習慣、技能都培育茁壯時，就會產生蝴蝶效應，你肯定會變得越發優秀！

 老古說人生

　　除非你想成為一流、頂尖，否則永遠都是二流。

61

聰明努力

　　小學時老師在課堂上常會出「我的志願」當作作文題目，很多學生都會引用「只要努力，一定會成功」。放在今日，現實中努力不一定會成功，如果你跟錯人、問錯題、走錯路、入錯行、生財器具退時落伍，即使你再努力都難以成功！康熙傳位前，許多官員押錯寶挺八賢王，結果是四爺當皇帝。徒手和拿衝鋒槍打老虎，誰勝率高呢？

　　畫面一：60～70 年代，不動產營建工法與器具還非常落後，所以興建 2～3 層樓的建築為大宗，少數才是 4～5 樓的公寓。當時建築工人在樓層間運送物料時，大多還是用兩肩挑的畚箕或桶器以人工挑運；許多小孩也會到工地打工，徒手搬磚至 2～5 樓，每塊磚報酬在 1～2 角不等。

　　回到現代，那些挑沙與搬磚的工人，如仍依過去模式，心想只要勤奮地日出而作、日落而息，就一定會成功，那可就大錯特錯了！因為現在的建築工法、器材是日新月異、高效便捷，用傳統套路根本毫無競爭力，耗工費時、徒增成本，重點是不會有人僱用你！

　　畫面二：1930 年代前，許多人以人力黃包車作為代步工具，到40～50 年代被三輪車取代，然無論是黃包車或三輪車，當前除了能做為文化觀光的賣點，例「北京胡同」那樣讓遊客懷舊外，如是用來營利，無論你多努力都是白費力氣、苦忙一場，因為時間就是金錢，政

府不會批准給你上路,乘客甲乙丙也沒這麼多時間跟你耗!

畫面三:80 年代前,做生意或跑業務通訊非常不便,出門連絡大多要找公用電話(60~70 年代)。直到 80 年代,因 BB call 的訊號接收穩定與平價,通訊才進化到可用呼叫器找人的方式。1984 年 Motorola 出廠的第 1 支黑金剛手機問世,初期價格不便宜且門號不足,到了 90 年代才逐漸普及(BB call、黑金剛在港片常見),為許多商人、業務、黑幫等行業的通訊帶來極大方便與績效成長。如當時還為了節省,堅持以傳統通訊營商,肯定會流失很多商機!

辦人從小事看,辦事從細節看,且「聰明」要用於正道。法國巴黎聖母院於 2019 年 4 月遭火祝融,引起全球一片惋惜,重建聲浪大,紛紛響應樂捐,當天很快就有各式重建捐款的詐騙,大量湧進各網路平台。其一是銷售聖母院遭祝融的樑柱作紀念,這是標準把「智慧聰明」用錯方向!

勿把日程流於形式,要常思有無更大的可能與變量,跨出現有邊界,就像海運集裝貨櫃箱的發明,雖無高技術可言,但此創新卻降低 90%的航運成本,因而提升產品的競爭力!

「奇蹟」指在對的環境與時間所創造的能量,與能融合的對象合作,能產生微妙的契合。人與人的協作能無限伸展,人與器搭配得宜,亦能產生超限之能。協作對象大至國家,中至企業、組織,小自人我感知與應變能力。有效組合資源,即是高效聰明努力的良策之一!所以,找對人、做對事、用對法、結利器,契合、得宜、校對、認知很重要!

腦袋決定口袋:你現在如仍是腦空狀態,為何還不決定換腦袋,把別人好的腦袋複製過來?人的認知越高、經驗越豐富,就會越覺得自己知識越淺薄,像小孩無知反而覺得現在就是全世界。身處新世代

的你我要與時俱進，以最低成本達到最高效率，競爭下只有拚出的成功，沒有等來的輝煌！

如果努力與成果成線性正比成長，那只要努力就會成功，但非也，要「聰明努力」勝率才高。你看，許多人很努力但成效有限，有些人卻因高效精耕，成果豐碩。聰智者，在勤中主動創造與把握機會；愚弱者，在被動下等待與讓渡機會。下等人盡己之力，中等人盡眾之力，上等人盡眾之慧。

股票操作：當景氣黑天鵝、灰犀牛罩頂時，多數人往往先拋已獲利的，而虧損的總想等機會翻盤，不捨出脫，最後變成壁紙，自作聰明。

「亂麻」凌亂難理，有效解法是以耐心、細心把它理出頭緒；一桶「濁水」你花再大氣力也洗不乾淨，方法是無須理會用時間等待，當濁物雜質沉澱於底，水自然就清了。

「靜思」它如太極，保有冷靜與理性，通常創意好點子都於此迸出。苦幹為生活，腦幹具開創性；打蛇打七吋，未來不是愛拚才會贏，要拚對方向與時間的質量才會贏，努力不等於成功，走正道的聰明努力，智高一等也！

 老古說人生

下等人盡己之力，中等人盡眾之力，上等人盡眾之慧。

謊言與吹牛

謊言，帶有負面意含（善意除外），指一種虛偽、不實的表述，也常被稱吹牛、吹擂、說大話。如藉謊牟取不法、不當得勢與利則稱詐術或騙子。吹擂，指藉加持提升人際或心理慰藉，日久見人心常被戳破。社會中謊騙者，常會受到人格貶損、宗教、法律等制裁。

說謊與吹牛有千百因，有因環境養成性格的偏差，有因自以為聰明不得不為的降損，也有為事滿圓融的反射。

說謊成性，是一種無罪惡感、態度偏差、愛面子、隱藏真實、突顯自己的性格。有位詐欺慣犯，自小行為就偏差，不良紀錄有造假學歷、假護照、假總監、假占卜師、假名人秘書等，數度進出法院、入監服刑，仍不知悔改。也常聽聞藝人私生活不檢點，如某天王以「哄騙」腳踏數條船，爆發後星途急墜。另有某女星，外號「撒謊高人」，因常遲到、放鴿子、謊話連篇、說謊成性，日久破功，在聲勢如日中天時被圈內封殺，自償謊果，天也難救！也常有業務打混摸魚，卻說去拜訪張三、李四。

捏造，就是把假的說成真的，例：地球倒轉、太陽將從西邊出來、你是從西瓜、桃子、石頭蹦出來的、這是長生不老藥。改編，則是把真實摻雜虛構的劇情，例：全球暖化溫室效應南北極冰融，海平面在五年內升高將淹沒半個陸地。

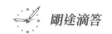

人渣，一些心存歹念的廟公或邪教教主，會對女信徒說，身上被魔或髒東西附身，如不去除，必有血光之災、陰魂不散、家破人亡，常有年輕貌美的女性上當受害！江湖郎中賣藥，大多誇張是祖傳秘方能治百病，許多癌末重症都能治癒，當場購買還能打折，許多人為續命半信半疑而吃悶虧！

常聽到這樣的詐術：「服用我的藥保證生男，無效退費。」其實生男生女機率本就各占約 50%，生男就算賺到，還因而成神醫；如是生女就找理說因，並依承諾退費，進而取得信任，再生客是接二連三，有王八靠此生財。

隱瞞也是說謊的一種，如藝人怕影響星途，通常選擇隱匿戀情、婚姻狀態等。自保型隱瞞：如與男友約會，卻跟父母說去同學家討論課業；犯錯型隱瞞：如開父親的車發生碰撞，謊稱肇事者跑了、小孩打破碗誣賴給貓鼠；顧全大局型隱瞞：有時是為了給親友、長官、對方保留顏面，而附和的表面說詞，算是一種說話的藝術。

管教型謊言：常見於爸媽對孩子的管教，會說一些你再不聽話，警察叔叔就會把你抓走或把你賣掉等略帶恐嚇的言詞。善意型謊言：聲稱這是免費贈品，怕老人家不接受，或是你兒子到遠方工作，其實當事人已離世，怕老人家無法承受。

非理性型謊言：我生日是 2 月 30 日（然二月最多 29 天）；我當兵時 100 公尺曾跑 8.9 秒，超越現有可能。

報復之謊：夫妻離婚前刻意做的表象，待取得資產或有利位置時，便翻臉不認人。有些員工在任職內蒐集對公司不利的機密資情，於離職後惡意爆料亦同！政治之謊：保證當選後一定如何如何，然開出的支票總是跳票。

食言型謊言：希特勒二戰前與英法等國達成協議不侵犯歐洲各國，

結果食言大舉進攻波蘭；日本二手策略，一方面佯裝和談協議，同時又突襲美國珍珠港海軍基地，是引發二戰期間美國全面宣戰及終戰的因子。

挾地位型謊言：為維持自尊、權位、職業需要之謊，或利用身分、社會地位做為取信的工具。例：「我是知名導演，會笨到設計強姦她嗎？」

拍馬屁、做面子型謊言：好久不見你都不會老；十幾年未見，歲月都沒在你身上留下痕跡；哇！你看起來比以前年輕、漂亮，此為善與幽默，無傷大雅。膨脹型謊言：表象的富裕，口袋空空還以名車充派頭。玩笑型謊言：非惡意但拿捏要得宜，有時玩笑開太過會讓對方無法釋懷。

詐騙：所有惡意與不法得利均屬之。

有間代銷公司，聘用幾位全職專員，在不特定推案區重要路口做廣告行銷，每日上班八小時，1 小時內可彈性早到或早退。由於人員分散各處，單位以LINE作為打卡依據，只要傳訊息給公司「我在某點已上班、我下班囉」，出勤一切由同仁自律管理，長官會不定時視察，多數成員都克盡厥職，如實報告。

某日A女上午七點左右在群組發：「我已到⋯⋯」，主管回：「我剛好在附近現在過去看看」，一分鐘內該員急回電說：「長官抱歉，剛老師通知小朋友聯絡簿未帶，我要趕回送達，我再補回工時！」其實，主管面試時已知她只有一位二歲的小孩，哪來的老師與聯絡簿？事實是她人未到說已到，想賺工時好提早放班，類似狀態已有幾回。

之後，主管總在不特定時間刻意抽查，不到三個月這位員工就受不了自行離職。主管並無戳破她的謊，她一開始可能還心存僥倖，佩服自己撒謊的能力，然後接連被主管查勤，已無法繼續過著自欺欺人

的人生！

　　去年的目標是買房圓夢、牽台雙B、儲蓄增百萬，均已順利達標，只有「吹牛」這項毛病未除。從小到大好像大家幾乎都有吹牛的經驗，例：我跆拳道三段，其實是胡說八道三段。

　　吹牛：一種自卑、沒自信、沒本事、沒才華、虛榮心作祟的表現，常不自量力、信口開河、說大話，透過吹噓、唬爛，膨脹、包裝來凸顯自己！吹噓：商人為招商引資，通常都會加碼吹牛膨脹，讓金主對投資標的充滿想像，買單下注。

　　「謊言」也有級數之分，數則笑話如下：

　　一級：餐館說：「菜馬上就來。」

　　二級：同事說：「改天請你吃飯。」

　　三級：長官說：「我簡單講兩句、五分鐘」，結果講了一小時。

　　四級：老公說：「晚上要加班、開會。」

　　五級：傳播妹說：「我是新來的。」

　　六級：建商說：「我們重誠信，絕不偷工減料。」

　　七級：醫院說：「我們已盡最大努力。」

　　八級：教育部說：「再窮也不能窮教育。」

　　九級：男人說：「愛你到永遠。」

　　十級：女人說：「我非愛慕虛榮之人。」

　　十一級：政府說：「相信明天一定會更好。」

　　十二級：最高境界，萬人通用的「神明托夢指示」。

　　「謊言」有可為與不可為；「吹牛」有膨脹與幽默型，有合理適切，也有心存歪邪，人生路當謹言慎行，尤其是自編自導或耳聞瞎傳，演變為三人成虎，損人不利己之事自當斷根除之！

63

謙　遜

　　「謙受益，滿招損」，謙遜之人常獲益處，而過度自滿、狂妄、驕傲之人，則易招損失！

　　何謂「謙遜」？不懂的事，不自誇吹噓、放下身段虛心求教，平起平坐，不裝懂是聰明，裝不懂是智慧。

　　謙者，即使是領域權威，才高八斗、位居高位、身價不凡、學識淵博也從不驕跋，處事圓融、不露鋒芒、自顯渺小。當受別人讚賞時，會如飽滿的稻穗般恭敬以禮相對，受教、感謝指導、向你學習。反之，也有目中無人、高傲自大、桀驁不遜者，喜歡搶盡風頭踏在浪頭上，總是自以為的銅臭人！

畫面

　　案一：有位女資優生，平常中後段的同學向她打招呼時，她都不愛搭理，眼睛顯少直視，總以冷眼帶過，臉上一副高傲的神情。只有跟老師、比她優秀或對她有利的人互動時，她才會帶著微笑、保有溫度，久而久之她身邊可談心的同學就越來越少！

　　案二：有位企業老闆，每當員工表現令他不滿或個人心情不佳時，常是火冒三丈高，於會議或職場上飆罵：這不懂、那無知、豬都不如

……無論對錯，如有回嘴他會罵得更兇，失控時甚至會摔東西。久而久之員工了解老闆的性格，勇於獻策的人就越來越少，大家都只做表面。

許多明知逆天的敗策，大家也默許依老闆指示辦事。優秀的人才不是留在原位不吭聲，就是選擇離開。身邊的紅人大都是阿諛奉承的狗腿、馬屁精，漸漸地這家企業就變成一言堂，老闆的話即是聖旨，這家企業結果想當然難以永續！

案三：有位優秀運動員從默默無名的田徑選手來到生涯頂峰，卻性情大變，受訪時常傲氣沖天，首次奪金感言：「這獎實至名歸，是我努力鍛鍊有成……上帝我愛你」，盡談都是自己，卻忘了感謝養育他的父母與家人的支持、他的啟蒙恩師及指導過的教練、一起訓練的隊友、驅動他前進的對手。

不知謙遜之人，敗象盡顯！偶在田徑場上鏡頭還會捕捉到，他跟裁判及教練鬧情緒、大發雷霆跳腳的場景，似乎天下都是他的、他有多了不起、凡事都得順他的意，天底下有這種事嗎？這種躁動的脾氣越發越烈，再也無法像過去初心般單純投入鍛鍊，短短1～2年他就從世界頂尖選手，摔出國家代表隊，從此一蹶不振，斷送重返榮耀之路。之後更因結交損友，過著五光十色糜爛的生活，把所有榮譽、名聲跟積蓄都一起陪葬，一位人才可惜了！

案四：有位科學家搭漁夫的船過河，航程中他問漁夫：「你知道宇宙如何運行嗎？何謂太空梭原理？地心引力？幾何學？」高傲臭屁展所學，漁夫都搖頭笑說：「這麼深奧我怎麼會懂。」不久，忽然風雲變色一陣颱風，在船翻覆前，漁夫問科學家：「你會游泳嗎？」，「我不會……救命啊！」還好漁夫救了他。

案五：許多場合也會遇上愛出風頭之人，整場子都是他的聲影，會場、宴席上常瞎起鬨，超限膨脹還聒噪；KTV包廂或遊覽車上持麥

率就占 30～40%，任何事都想主導插嘴、出風頭、給意見，是個自以為受歡迎的小丑，許多人對他超反感，把他當空氣！

案六：許多小咖藝人接個通告、拍個臨演、短劇就犯大頭症，超限膨脹！

謙遜特徵

不自誇：自誇的沒本事，有本事的不自誇，要廣結善緣，多傾聽，多學習，多讚美吸取他人之優。

不自滿：要懂尊重，切忌傲慢看不起比你辛苦的人。

不藐視：凡事將心比心，即使對方有不敬、不禮之處，也以常心處之；不自大、不邀功，多給別人掌聲，他人也會加倍反饋奉上。

不炫耀：只有身心健康才值得炫耀。許多人因富或得寵，就喜歡炫富、展身分，沒實力的，也愛打腫臉充胖子。有位中年人沒啥本事，將所有積蓄買了台車齡近 20 年的雙B名車，每次加油 300 元，駕控時總愛超車飆速、亂鳴喇叭、浮誇炫耀。

有回在路上一個快速 U 型大迴轉，正準備加速衝刺耍帥時，車子油門卻不給面子冒起黑煙，熄火發不動了，你說好不好笑，他到底帥在哪裡！

另位仁兄經商失敗，四處舉債，終日以賭維生，生活品質卻不減當年，吃好料、泡好茶，自己身陷泥沼還不知上進裝身分，丟人，何苦呢！

處事之道要以誠相對，受人之助，要感恩並加碼回敬。所謂「福至心靈」，有量就有福，有心就有靈，好友偶爾幽默玩笑OK，但不要老占盡鋒頭、炫誇，做個謙遜踏實的智者為上！

不知足心理

例 1：身體勇健時，吃喝玩樂、熬夜，損耗身心；身體微恙時，改求平安健康，當康健時又重新揮霍身體！

例 2：打麻將手氣好，貪心鬼作祟想多贏些；運氣不佳輸到脫褲時，只求小輸或平盤，當回本後又開始奢望小贏、自摸連胡；許多簽賭亦同！

例 3：擇偶條件想要身材窈窕、穿著火辣，又要文靜賢淑、溫柔體貼、美麗大方、秀外慧中，你去哪裡找？我也想幾十年了。

例 4：讀者自填，太多了！

贏者，最怕驕傲，打落水狗；輸家，最怕不服輸的情緒煽動！是人都希望被尊重，在人之上，拿人當人；在人之下，拿己當人。看清與認識自己很重要，社會大多只是崇拜你的財富、權力與地位，當卸下或失去後你什麼都不是。

海明威：「優於別人，並不高貴，真正的高貴是優於過去的自己。」蘇格拉底：「我唯一知道的，就是一無所知。」做人除了無盡探索求知外，要保有謙遜之心。

腹中天地闊，常有渡人船，目中有人，貴人多；口中有德，福報多。有些距離不是財富可拉近，有些境界也不是自詡與浮誇即可達到，不能因為金錢，丟掉更好的東西。

「謙遜」是生命的純樸與靈魂的高度，勿超限自滿膨脹、永不知足，當然也不該停止成長，有時過半加一也算正分，但如可更好就不要草率，端看何事！

64

魔鬼在細節

　　成大事，重細節；蟻穴雖小，潰之千里；勿輕小事，小隙沉舟；勿輕小物，小蟲毒身。一根火柴可毀一片森林，一個零件可毀一部機器，一個新病毒，全球「肺騰」淪陷！

　　魔鬼藏在細節，它是成敗的重要關鍵，草率行事是工作大忌，許多人只重表象，因為它明顯易見、好遮掩、易執行。成功之人，總是看得細、看得深、看得遠，看到隱藏在表面後的基柱，按部貫徹執行，這即是細節。

　　企業與組織人事物管理之輕忽、官員利益薰心、建商偷工減料、部隊紀律鬆散、球隊不公、縱容、歷史劇忽略時代文化背景與角色特質，個人惰性、敷衍、逃避、粗心、三分鐘熱度、說做不同套，這些細節一旦長期遮眼、放縱、忽略，必產生負面的果。

商學畫面

　　例1：有二家水果行開在同條街上，就地點、規模、類別、鮮度、價格大多雷同，然而 A 家生意總是特別好，B 店客人總稀稀落落。有位記者好奇私下追蹤，當起神秘客解題，密訪幾次後得出二店家的小差異：

A 家抓心，每回客人結帳，105 元只收 100 元，消費 365 元會算 350 元，有時還會加送庫存品。為了保持水果鮮度，只要超過二天的水果庫存，店家就標出超優的平盤或賠本折扣價殺出，在開市或收攤前搶一波熱潮，以降低庫存提高周轉率。

B家就比較一板一眼，125 元就收 125 元，362 元連二塊零頭也收，且過期水果不捨一次降價到位，反形成囤貨變多、部分折扣品賣相變差，棄損率相對也提高！

連結：老王常在市場某二家南北雜貨店買雞蛋，A 家老闆稍木訥，從不幫客人加外袋，除非主動索取，B 家老闆娘親切有禮，秤重前會幫客人綁好第一層提袋，避免蛋滑動破裂，結完帳主動加外袋以便客人攜提，並說感謝帥哥、騎慢點！小動作讓他頗有好感，反覆幾回後，老王就很少到 A 鋪買雞蛋或雜貨了。

例 2：好感度：過去膠卷時代拍完照，會到傳統相館沖洗相片，隨著沖洗技術提升，許多新相館加入競爭。谷君習慣到某家老相館沖洗，4×6 的相片每張五元，一進門老闆就奉茶、話家常，相片洗好還會電話通知。

許多新相館器材先進、沖洗快速，為搶客以量制價每張 3.5 元。谷君初期因便宜也嘗試到新相館沖洗，但光顧幾次後，發現服務味道大不同，最終還是回到老相館沖片，因有種說不出的人情味，溫度冷暖有時非金錢可以衡量！

例 3：服飾專櫃：客戶一進門櫃姐就緊盯貼黏，說一串行話，客人離開後都極少回流，因為不舒服、有壓力。

例 4：某政府針對老人實施辦卡搭計程車享有折扣的優惠補助，結果有些司機找了許多老人，以人頭辦卡刷帳，爆量申請補助款，實際上老人根本沒搭車，司機卻訛詐請款，這是實施前草率的決策，思

考邏輯與連結性不足。

例 5：許多生意人以假混真、過期換標等。

積累口碑：做生意無論顧客有無消費，多加些語助，帥哥、美女、感謝您、歡迎光臨、參考看看，多比較沒關係、歡迎再來，祝您好運。

如果行事風格是那種沒人看到就敷衍帶過、偷斤減兩，那人生路肯定坑疤殘缺、阻礙重重！如何避開魔鬼，把每項任務都做到力求完美、精工細緻，這即是不簡單、不平凡。對「品牌、口碑」經營，要保有原則與堅持，自然會得到顯著甜美的果實！

老古說人生

成功之人，總是看得細、看得深、看得遠，看到隱藏在表面後的基柱。

變通思維

　　「變」，指彈性、蛻變、變革、創新、跳脫，「通」，是通暢、通達、客觀、和諧、彈性、圓融。

　　變通，要審時度勢、打破常規、換位思考，借他人之力與資源為我所用，強化自我競爭優勢。決策，從單向思考問題很容易陷入困境，若以多元不同角度的變通思維，就可能獲得意外的斬獲。

　　生活中具備「變通」本事，能助你高效理事，降低阻力。

畫面

　　例一：有一群美國人到非洲考察，一行人坐在遊覽車上，等紅燈時恰巧看到路旁有二個工人正在施工，前面的人負責鏟土，後面的人負責把前面人鏟的土再回填，這群美國人看到就很好奇，心想，他們二位工人不是多此一舉嗎？一人挖一人回填，等於是脫褲子放屁，於是就慫恿導遊，請司機停下車來問個清楚。

　　得出結果，這件工作原來是三個人各司其職，第一個人負責鏟土，第二人放種子，第三人負責把土回填。但因今天中間的工人庫克家裡有事請假，前後二位還是很本分、認真地扮演好工頭原賦予的任務。

　　但老美想，他倆就不懂得「變通」嗎？看是由前面或後面的人順

便幫庫克放種子,如此才能事滿功成,這種事無須報備或請示,它是一種自然變通的反射本能。

例二:以前膠卷年代,遠不如現在數位與智慧手機拍照功效,可開啟檢視,拍不好還可重拍或修圖。過去難得出國,所拍的熱門景點或一生一次的畢旅足跡,常發生拿到相片後才發現閉眼、瞇眼、表情歪斜或晃動模糊的畫面,由期待變失望!後來變通進化到拍照者喊到3大家就微笑,但微笑有了,眼睛、肢體有些人還是不自然,於是又再昇華拍照前眼睛先閉上,喊123後同時微笑、張眼、擺姿勢,拍者暫停呼吸按下快門,相片良率就提高了。

前陣子跟一群老友聚餐,過程中友人提議拍張團照紀念,就請店裡的服務員協助拍,大家就定位後服務員忽開口,旁邊的人無法入鏡,可否往後或向中間靠攏些,我隨即玩笑說:「服務員你自己往後移些,抓好置中角度不就全都完整入鏡了。」她說對喔,你看,透過變通結果大不同。

例三:有間冰果室店裡的招牌是「五色水果拼盤」,有天來了二位外國觀光客說:「可否只點西瓜跟鳳梨二種,其他三種我們不喜歡吃。」結果服務員回:「不行喔,我們店裡只有賣招牌五色拼盤,改變搭配會造成不便,很抱歉!建議你們照點五色,只吃西瓜、鳳梨就好,其他三種看是要打包,還是我幫你們回收都可。」客人聽了匪夷所思,心想,這家店怎就不能「變通」或把員工應答訓練好,一定要這麼死板做生意嗎?接著客人回:「我們不吃了,感謝您的服務。」就離開。

例四:日本DRAM(電腦記憶體)在80年代一度占據全球80%的市場,它以工匠精神、高品質、高容量,吸引80年代前期的企業、單位青睞買單。80年代後期韓國抓住機會,以低成本生產技術、挖角業

界人才，訴求低價，客群以個人為主，很快地趕超日本。

日本敗陣主因有三：1.堅持高品質、高容量、25 年高保固、高售價，但市場已轉向低價汰換的需求；2.終身雇傭制度，人員獲保障下不求進步，而失去競爭力從王者跌入谷底；3.美國干預打壓，韓國趁勢迎合市場需求。

計畫總趕不上變化，2020 年新冠病毒徹底翻轉人類的生活習慣，過去排隊名店、高檔娛場、奢品專櫃、熱門景點、豪華宮殿、權貴名校、精良官兵、船艦火砲等，都成敗將降兵，紛紛通變求存！

「水」可穿、滲、漏、滴、湧，融入任何器形均能成該器狀，它具備任何適應與變化。世界翻騰驟變，不要老用舊法解新題，可嘗試新的破解，思危、思通、思變，不能一層不變，要隨市場、環境、需求彈性通變……

老古說人生

決策，從單向思考問題很容易陷入困境，若以多元不同角度的變通思維，就可能獲得意外的斬獲。

Reference

參考文獻

- 〈一切都是最好的安排〉，http://tainan.catholic.org.tw/at/89.htm
- 〈人際關係〉（維基百科）
- 〈這六種人值得深交一輩子〉，https://kknews.cc/essay/5e5xgm6.html
- 〈人類演化〉，https://zh.wikipedia.org/zh-tw/%E4%BA%BA%E9%A1%9E%E6%BC%94%E5%8C%96
- 〈查德沙赫人〉，https://zh.wikipedia.org/wiki/%E4%B9%8D%E5%BE%97%E6%B2%99%E8%B5%AB%E4%BA%BA
- 《瘋狂人類進化史》，https://www.thenewslens.com/article/79617
- 〈人類為什麼身上不長毛？〉，https://tw.answers.yahoo.com/question/index? qid=20050922000013KK03645
- 〈諾基亞〉，https://zh.wikipedia.org/zh-tw/%E8%AF%BA%E5%9F%BA%E4%BA%9A
- 〈百年柯達 9.5 億美元破產融資 富士相惜 並非末日〉，https://www.epochtimes.com/b5/12/1/19/n3491379.htm
- 〈看看這就是我們〉，https://kknews.cc/news/6pvl5q.html
- 〈帕累托法則〉，https://zh.wikipedia.org/zh-tw/%E5%B8%95%E7%B4%AF%E6%89%98%E6%B3%95%E5%88%99
- 〈全球 1%的富人掌握著 82%的財富？〉，

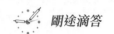

https://www.bbc.com/zhongwen/trad/business-42770869

- 〈關於 80/20 法則你該知道的六件事〉，https://www.knowledger. info/2014/09/02/6-things-about-8020-rule-you-should-know/

- 〈羅胖 60 秒：尋找生活的意義有什麼次序？〉，https://www.ljsw.io/ weixin/2019-07-09/AsC.html

- 〈心流理論〉，https://zh.wikipedia.org/wiki/%E5%BF%83%E6%B5% 81%E7%90%86%E8%AB%96

- 〈讓你開心做事的關鍵：心流〉，http://www.appliedpsy.com/072601/

- 〈「心態」一個成功把斧頭賣給總統的人〉， https://kknews.cc/news/nqoj368.html

- 〈成功家族〉， https://zh-tw.facebook.com/atselfhelp/posts/1001933916648760

- 〈醫療進步 下世紀人類壽命可望延長一倍〉， https://www.epochtimes.com/b5/6/2/19/n1229132.htm

- 〈古代人的壽命有多長？從古至今人類壽命變化〉， https://kknews.cc/zh-tw/history/vpbpypl.html

- 〈自我介紹不是身家調查，重點是要如何讓人留下印象〉（The News Lens 關鍵評論），https://www.thenewslens.com/article/78012

- 〈當年喬丹是怎麼在食物中毒發高燒的情況下拿 38 分的？〉， https://kknews.cc/zh-tw/sports/oma9e66.html

- 〈告訴自己：我很重要〉（大紀元）， http://www.epochtimes.com/b5/12/5/23/n3594970.htm

- 〈垃圾車法則〉（海闊天空）， https://sites.google.com/a/chsc.tw/frency/knowledge/lajichefaze

- 〈易經的精華是什麼？一目瞭然！〉，

https://www.secretchina.com/news/b5/2018/09/19/870983.html

- 達文西〈救世主〉（相片來源：維基百科）
- 麥卡倫 1926 年威士忌拍賣天價（相片來源：蘇富比）
- 〈人類歷史上十大泡沫之荷蘭鬱金香泡沫〉，
  https://kknews.cc/zh-tw/news/363jly.html
- 〈長春君子蘭泡沫事件〉，https://wiki.mbalib.com/zh-tw/%E9%95%
  BF%E6%98%A5%E5%90%9B%E5%AD%90%E5%85%B0%E6%B3%
  A1%E6%B2%AB%E4%BA%8B%E4%BB%B6
- 〈一朵花換一棟樓？瘋狂的荷蘭鬱金香和長春君子蘭〉，
  https://www.youtube.com/watch? v=PXseMoyGKzY
- 〈幽默〉，https://zh.wikipedia.org/zh-tw/%E5%B9%BD%E9%BB%98
- 〈總裁專欄 呂傑恩：相信自己，相信「相信」的力量〉，
  https://kknews.cc/finance/9lkj865.html
- 〈易開罐的發明者是誰〉，https://tw.answers.yahoo.com/question/
  index? qid=20100626000010KK02670
- 〈台灣首富王永慶的發家之路〉，
  https://www.storm.mg/lifestyle/2937354? mode=whole
- 〈羅胖 60 秒：誰該去擦黑板？〉，
  https://www.ljsw.io/weixin/2020-02-23/Aim.html
- 〈邏輯思維 183：怎樣成為一個高手〉，
  https://www.youtube.com/watch? v=4JhlfRAzVKY
- 〈精神相關病徵〉（yahoo 知識+）
- 鄭豐喜（維基百科）
- 〈和尚挑水的故事〉，https://alanxp.pixnet.net/blog/post/3155802
- 〈微笑的力量〉（大紀元文化網），

https://www.epochtimes.com/b5/9/11/25/n2734143.htm

- 〈數字〉（維基百科）

- 〈銷售人員的成功秘訣，你知道嗎？〉，
  https://kknews.cc/news/qb84xjy.html

- 〈諸葛亮學習十堂課〉（論語別裁），
  https://sites.google.com/site/lunyubiecai/brightness

- 〈麥可・菲爾普斯〉（維基百科）

- 〈人體的構造、生理〉（老醫之家），
  http://olddoc.tmu.edu.tw/chiaungo/h-check/human-body.htm

- 〈邏輯思維 770：什麼是認知折疊？〉，
  https://www.ljsw.io/knowl/article/9G.html

- 〈機會成本〉（維基百科），https://zh.wikipedia.org/zh-tw/%E6%9C
  %BA%E4%BC%9A%E6%88%90%E6%9C%AC

- 〈邏輯思維 740：法律思維有什麼不一樣？〉，
  https://www.ljsw.io/knowl/article/9H.html

- 〈羅胖 60 秒：管理和組織有什麼不同？〉，
  https://www.ljsw.io/weixin/2019-11-09/Akj.html

- 〈成功條件的四匹馬〉，
  https://www.youtube.com/watch? v=btn7lS85x3o

- 〈謊言〉，https://zh.wikipedia.org/zh-tw/%E8%B0%8E%E8%A8%80

- 〈變通思維〉（MBA 智庫百科），https://wiki.mbalib.com/zh-tw/%
  E5%8F%98%E9%80%9A%E6%80%9D%E7%BB%B4

感謝「得到」每日聽知識庫，讓筆者得到不少啟發！